사람 전태일

왜 전태일인가

사람 전태일

왜 전태일인가

초판 1쇄 인쇄 2020년 11월 3일
초판 1쇄 발행 2020년 11월 13일

지은이 송필경
펴낸이 김승희
펴낸곳 도서출판 살림터

기획 정광일
편집 조현주
표지 사진그림 김병호
북디자인 이순민

인쇄.제본 (주)신화프린팅
종이 (주)명동지류

주소 서울시 양천구 목동동로 293. 22층 2215-1호
전화 02)3141-6556
팩스 02)3141-6555
출판등록 2008년 3월 18일 제313-1990-12호
이메일 gwang80@hanmail.com
블로그 http//blog.naver.com.dkffk 1020

ISBN 979-11-5930-162-9 03300

이 도서의 국립중앙도서관 출판예정도서목록(CIP)은 서지정보유통지원시스템 홈페이지(http://seoji.nl.go.kr)와
국가자료공동목록시스템(http://www.nl.go.kr/kolisnet)에서 이용하실 수 있습니다. (CIP제어번호: CIP2020046007)

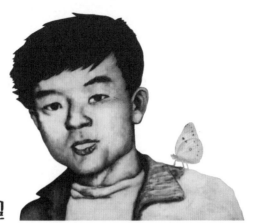

사람 전태일

왜 전태일인가

송필경 지음

살림터

새로운 전태일 평전을 환영하며

치과의사 송필경, 그가 전태일을 만나는 길은 남달랐다.

신학자 안병무가 "우리 시대의 예수"라 부르고, 사회운동가 함석헌이 "선생님"이라 부르는 전태일!

변호사 조영래는 『전태일 평전』에서 그의 죽음을 '인간선언'이라 했고 어느 철학자는 "가장 완전한 삶을 산 혁명가"라고도 부르는 전태일!

지금도 그와 같이 활동했던 동료나 후배들은 친구나 오빠라고 부르고 그의 뒤를 따르는 많은 노동자들은 동지라 하는 전태일!

서울 시민들은 분신 항거 49년 만에 세운 그의 기념관 이름을 "아름다운 청년"으로 부르는 전태일!

송필경은 감히 이 에베레스트에 오르기 위해 그에 버금가는 봉우리들을 먼저 올랐다. 베트남을 여러 번 다니며 호찌민과 1963년 미국의 베트남전 개입에 항의하며 소신한 꽝득 스님을 만나고, 쿠바로 건너가 쿠바 혁명의 성자이자 인민의 국부인 호세 마르티와 카스트로, 체 게바라와도 뜨겁게 만났다.

송필경은 이런 여정 속에서도 전태일이 그의 마음속에 있었고 결국은 그 산에 오르리라 다짐하곤 했다 한다.

송필경의 사유는 구속됨이 없다. 그의 글쓰기엔 금기도 없어 보인다. 물론 꾸밈이나 어느 수준을 유지하려는 헛힘도 쓰지 않는다. 그냥 들이대고 가고 싶은 방향으로 마구 달려간다. 그래도 곁길로 빠지지 않고 중심을 잃지 않는 건 그의 치열한 사고력과 진정성 그리고 멈추지 않는 발품 덕이다. 송필경은 하고 싶은 일은 꼭 하고 만다. 아마 그는 전태일을 지독히 사랑하는가 보다.

전태일 분신 항거 50주기에 맞춰 새로운 전태일 평전을 쓰겠다던 그의 목표는 달성됐다. 이 애씀이 대구의 '㈔전태일의 친구들'을 중심으로 벌어지고 있는 전태일 운동에 큰 힘이 되어 대구에도 전태일 기념관이 마련되리라 믿는다.

베트남을 지나 쿠바까지 거쳐 온 송필경의 전태일은 누구일까? 과연 그 전태일은 위기의 시대를 살고 있는 우리에게 어떤 의미일까? 우리에게 무슨 얘기를 할까?

두근거리는 마음으로 송필경과 함께 전태일을 만나러 가 보자.

2020년 11월
전태일 재단 이사장 이수호

차 례

추천의말 새로운 전태일 평전을 환영하며 이수호(전태일 재단 이사장) / 4

나는 왜 이 책을 쓰는가 / 8

전태일은 누구인가 / 16

I. 오병이어 / 21

　나눔의 사랑, 그 기억을 찾아서 / 24

　"네가 당하고 싶지 않은 일은 남에게 강요 말라" / 28

　약자를 돕자는 위대한 연민의 탄생 / 31

　전태일, 인간해방을 부르짖은 순교자 / 39

II. 시대의 송가 / 41

　숭고함의 감정과 아름다움의 감정은 어디에서 오는가 / 44

　나를 영원히 잊지 말아 주게 / 48

　숭고한 죽음이 남긴 휴머니즘 / 53

　〈환희의 송가〉와 〈임을 위한 행진곡〉이 불리는 광장에서 / 57

III. 한 치도 흐트러짐이 없는 자기훈련 / 59

　청년, 그의 삶을 돌아보며 62

　청년, 스스로 묻고 다짐하다 64

　청년 전태일, 모든 사람이 이웃에게 반짝이는 별이 되기를 바랐다 70

IV. 분신, 그 숭고한 불길 / 73

　불의 바다에 핀 연꽃 / 76

　열사가 불탐으로써 우리 시대가 성스러웠다 / 96

V. 유서 세 편 / 101

　전태일처럼 착하게 살자! / 106

　전태일 영혼의 벗, 조영래 / 110

　호세 마르티와 카스트로 / 113

　"너는 나의 나다" / 118

VI. 유언, 살아 있는 신화 / 119

"내 죽음을 헛되이 하지 말라!" / 122

인류의 고통에 대한 연민 / 124

이것이 사회의 현실입니까? 빈부의 법칙입니까? / 127

이분의 존재는 내 시대 축복이고, 기적이고, 신화였다 / 131

VII. 분신 그 이후 / 137

누구보다 맑은 직관으로 / 140

어머니의 고집, 그건 오빠를 팔아먹는 거다 / 143

전태일 장례식 / 146

전태일, 한국 현대사의 한가운데로 / 149

청계피복노조의 탄생, 그리고 한국 노동운동 / 151

젊은 지식인과 양심적인 종교인들이 모이다 / 154

어떤 예수의 죽음-고 전태일 씨의 영전에 / 157

전태일과 조영래의 만남 / 166

VIII. 전태일 '선생' / 169

제 할 일을 다 하고 떠난 사람 / 172

"태일아! 내가 너를 죽였구나!" / 174

'제도의 혁명', '사상의 혁명', 그리고 '혼의 혁명' / 178

"우리 죄인들을 깨우치기 위해 죽었습니다. 정말 부끄럽습니다" / 182

IX. 젊은 베르테르 / 187

"누님이 되어 주세요" / 190

사랑의 아픔을 앓은 청춘 / 204

참으로 가치 있는 사랑 속으로 / 208

X. 윤리적 인간, 호모 에티쿠스 / 211

전태일의 글, 열정이 넘치고 재능이 빛났다 / 214

"저는 우리 오빠가 세상에서 최고로 좋았어요" / 217

본회퍼, "죽음은 끝이 아니라, 영원한 삶의 시작이다" / 220

전태일, "아아, 몸은 넘지 못했지만, 그 위대한 혼이 넘었다!" / 223

참으로 선하게 살기 위해 우리는… / 225

베스트 테일러, 전태일 사윤수(시인) / 227

참고 문헌 / 232

나는 왜 이 책을 쓰는가

나는 1955년에 태어났다. 1975년에 치과대학에 들어갔고, 1985년에 치과를 개업했다.

유신 독재가 한창일 때 대학생활을 했고, 한국 자본주의가 막 팽창하던 무렵에 경제활동을 시작했다.

사람은 사회 제도가 만든 환경에 익숙하기 마련이지만, 유신이라는 독재체제와 자본주의의 약육강식을 강요하는 경제체제가 나에게는 무언가 개운치 않았다.

나는 그 당시 정치와 경제 제도에 격렬하게 저항하지는 않았지만, 정치와 무관해 보이는 치과대학 생활과 치과의사란 돈벌이가 비교적 수월한 '프티 부르주아' 생활에 물음표를 던졌다.

나는 내가 물음표를 던진 현실이 어떤지 알기 위해 책을 많이 읽은 편이다. 책을 읽고 깨달은 바에 따라 사회 인습과 관성에 맹목적이지 않고, 권력에 굴종하지 않고, 사회 문제를 이성적으로 성찰하고 판단하려 노력했다.

대학생활을 하면서 강압적인 정치 상황에 저항하는 의식을 키운 책은 이영희 선생의 『전환시대의 논리』였다. 그리고 사회생활을 하면서 '부익

부 빈익빈' 경제 환경에서 약자를 위한 연민의 소중함을 깨우친 책이 조영래 변호사가 쓴 『전태일 평전』이었다.

철학자 스피노자는 내일 지구 종말이 오더라도 오늘 사과나무를 심겠다고 했다. 내일 지구에 대홍수가 닥쳐 내게 '노아의 방주'에 들어갈 수 있는 기회가 생긴다면, 나는 이 책 두 권만은 반드시 가지고 가리라.

『전환시대의 논리』를 읽고서 '베트남전쟁'의 진실을 마주 보면서 우리 사회를 숨 막히게 한 반공이란 허위의식을 걷어 내고 한반도 남북 분단 상황을 제대로 인식했다.

『전태일 평전』을 읽고는 소수가 누리는 부유함과 안락함에는 언제나 다수의 희생과 고통이 밑바탕에 깔려 있다는 걸 깨달았다.

'건강사회를 위한 치과의사회(건치)'는 2000년부터 베트남전쟁 당시 한국군이 저지른 베트남 학살 지역을 찾아갔다. 지금까지 의료 활동을 통해서 우리의 베트남전 참전에 대한 사죄 운동을 해마다 하고 있다. 나는 2001년부터 참가했고, 그동안 베트남에 28번 다녀왔다.

나는 의료 활동보다는 베트남전쟁의 진실을 찾기 위해 베트남 현대사에 더 관심을 기울였다. 그래서 나의 베트남 방문은 역사 기행을 떠나는 길이 되곤 했다.

좌우를 떠나 모든 인민에게 존경받는 호찌민의 일생을 공부하면서, 식민체제와 분단체제를 극복한 베트남 혁명이 무엇인가를 어렴풋이 깨우쳤다. 또 베트남을 지배한 프랑스의 역사, 특히 프랑스 혁명에 대해 많이 공부를 했다.

베트남과 가장 가까이 지낸 혁명가 체 게바라의 나라 쿠바를 방문하여 쿠바 혁명도 공부했다.

조영래 변호사가 쓴 『전태일 평전』.
우리 시대 고전이다.

덕분에 프랑스, 스페인, 미국과 같은 거대한 제국주의와 그들에게 고통스럽게 착취당하는 식민지 사이에 발생하는 모순과 갈등을 제대로 바라볼 수 있는 거시적인 시각을 얻었다.

나는 한국인이며, 현재 외세가 분단한 땅인 남한에서 살고 있다. 국토가 쪼개지고 민족이 찢긴 이 안타까움 때문에 그동안 나는 외세를 극복하고 혁명을 성취한 베트남이나 쿠바 역사의 의미를 해석하는 많은 글을 썼다.

"제 나라 역사도 제대로 모르는 주제에 남 나라 역사는…"이라는 내 글에 대한 지적을 뼈아프지만 깊이 새겨들었다. 그리고 정당한 비판에 최선의 방어를 준비해야만 했다.

나에게 최선의 준비란 전태일 정신 바로 알기였다. 나는 베트남 혁명을 어렴풋이나마 알고 난 2010년 이후, 전태일을 면밀히 보기 시작했다.

베트남 사람들에게는 프랑스에 저항한 식민지 투쟁과 미국에 저항한 베트남전쟁 그 자체가 위대한 혁명이었다. 이 혁명을 이끈 지도자는 호찌민이다. 그는 "민족의 독립과 자유보다 더 소중한 것은 없다"라는 호소로 좌우를 막론하고 전 인민을 결집시켰다. 독립이라는 민족의 염원과 자유라는 인간의 존엄을 위해 일생을 바친 호찌민. 그의 웅혼한 인간적 위엄을 칸트 용어를 빌려 말하자면 '숭고(崇高)'였다. 나는 통치자나 지배자(ruler)가 아닌 진정한 지도자(leader)였던 호찌민을 통해 숭고란 의미를 알게 되었다.

내가 이해한 칸트의 숭고는 크나큰 고통을 겪은 정신만이 지니는 정신의 웅장함과 심오함이었다. 다시 말해 크나큰 고통을 겪지 않은 정신은 숭고함을 나타낼 수 없다.

가난한 농업국가인 베트남은 자신들보다 1천 배 이상 힘을 가진 인류 역사상 최대의 산업국가인 미국과 약 30년에 걸친 전쟁을 치렀다. 미군이 약 6만 명 죽은 데 비해 300~400만 명, 아마 그 이상이 되는 베트남 인민이 전쟁에서 죽었다. 전쟁이 끝난 후 전 국토는 미국의 폭격에 석기시대로 돌아간 듯 황폐했고, 온 나무에 뿌린 고엽제로 무성한 밀림은 말라비틀어졌다. 베트남 인민은 그런 고통을 겪고 나서 최후의 승리를 쟁취했다.

제국주의 침략에 막대한 희생을 치르면서 한 발짝도 물러서지 않은 베트남 인민의 정신 승리를 칸트가 봤다면 숭고하다고 했을 것이다.

2018년에 나는 쿠바를 방문하고 돌아와서 2년여 동안 쿠바 혁명에 대해 공부했다. 쿠바 혁명의 상징 인물은 체 게바라다. 아르헨티나의 부유한 집안 출신인 체 게바라는 의과대학생일 때 남미 대륙 일대를 여행했다. 체가 본 것은 자기 땅을 빼앗기고 비참해진 남미 대륙 원주민의 삶이었다. 체는 안락한 의사 생활을 포기하고 거친 혁명의 길을 선택했다. 멕시코에서 카스트로를 만난 뒤 쿠바로 들어가 혁명의 승리를 맛보았다. 체는 혁명이 성공한 쿠바에서 고위직 생활을 버리고 쿠바 민중보다 더 비참한 아프리카와 남미 민중을 위해 투쟁하다가 목숨을 잃었다.

인류의 가장 밑바닥 민중을 향한 연민을 실천하기 위해 목숨마저 던진 체 게바라. 그의 정신을 칸트는 역시 숭고하다고 했을 것이다.

작년에야 비로소 내 관심 주제를 전태일의 삶으로 옮겼다. 전태일의 삶을 읽을 수 있는 충분하고도 가장 훌륭한 자료는 조영래 변호사의 『전태일 평전』이다. 이 책은 전태일 전기에서 경전(經典)과도 같다. 기독교 복음서와 다를 바가 없다고 나는 생각한다.

고마운 분의 도움으로 몇몇 자료를 더 찾았으나 『전태일 평전』의 범위를 크게 넘어서지는 않았다. 젊은 밑바닥 노동자의 삶과 죽음을 그토록 의미 있고 생생하게 그려 낸 조영래 변호사 글은 이제 고전(古典)으로 자리매김했다.

복음서나 대장경을 시대 환경에 따라 해석하는 것이 신학이고, 논어를 다시 해석하는 것이 주자학이 아닌가.

예를 들어 같은 성경도 해석하기에 따라 신앙 행동은 천차만별이다. 태극기 부대 사이비 목사의 성경과 민족통일을 위해 헌신하신 문익환 목사의 성경은 해석 관점이 확연히 다르다. 어쩌면 사이비 교도들이 천박한 신앙 행동을 합리화하기 위해 성경을 왜곡한다고 보는 것이 맞지 않을까.

불경도 마찬가지다. 정치권력과 결탁하여 온갖 적폐를 양산한 조계종 권승(권력을 좇는 땡중)의 불경 해석과 불교계와 유착한 적폐 권력 청산에 온 힘을 다하는 명진 스님의 불경 해석 관점도 하늘과 땅 차이가 분명하다.

이 글은 보잘것없지만 『전태일 평전』을 내 나름으로 해석한 관점인데, 어떤 평가를 받을지 솔직히 궁금하다.

전태일 정신(사상)을 한 문장으로 표현하자면 "어린 여성 노동자를 향한 연민"이었다.

'어린', '여성', '노동자'란 세 단어의 조합은 우리 사회에서 힘없고, 무시당하고, 천대받는 모든 가난한 약자를 상징한다. 가난한 집에서 태어나 무시당하며 어린 시절을 보냈고, 무지렁이로 천대받던 젊은 남성 노동자가 사회의 약자, 특히 어린 여성에게 보낸 '연민'을 칸트는 분명 숭고하다고 했을 것이다.

나는 이 글에서 전태일의 삶에서 몇몇 구체적인 '의미'를 추적해 그의 숭고함을 나타내려고 노력했다.

자기 처지도 비루한데 약자만 보면 나눔을 실천한 전태일의 행위는 예수의 오병이어 기적을 연상케 한다.

17살 청년 노동자가 '어린', '여성', '노동자'가 겪는 고통에서 천박한 자본주의 모순의 핵심을 바로 꿰뚫어 보았다는 것은 놀라울 정도로 타고난 직관이었다.

전태일의 분신이 베트남 인민은 물론 전 세계인에게 충격을 준 베트남 꽝득 스님의 분신과 일맥상통하다는 것을 증명하려 했다.

전태일이 어린 여성 노동자에게 보낸 연민은 20세기 양심이라 부르는 대석학 버트런드 러셀의 '인류 고통에 보낸 연민'과 다름없이 숭고했다.

국민 '선생님'으로 존경받은 함석헌 선생은 전태일의 분신 소식을 듣고 통곡하셨다. 그 뒤부터 함석헌 선생은 47살 어린, 자기 손자뻘인 전태일에게 언제나 '전태일 선생'이라고 부르셨다. 우리 사회 지성이 펄펄 살아 있음을 몸소 보여 주셨다.

고통받는 약자를 위해 자기 몸을 불사른 용기는 히틀러를 암살하려다 사형당한 20세기 신학 천재 본회퍼의 용기와 다를 바 없었다.

가난한 전태일이 4살 연상이며 돈 있는 업소 주인의 처제를 짝사랑했다. 나이와 가정환경 차이로 애끓는 사랑을 포기하며 자기 처지를 '젊은 베르테르의 슬픔'에 빗대면서 괴테의 소설에 빠졌다. 동시에 김소월의 시를 비롯해 몇몇 유명한 세계적인 서정시에 열중했다. 그런 독서 습관 덕분에 글쓰기 재능이 빼어나지 않았을까.

나는 전태일의 삶에서 보통 사람이 상상하기조차 힘들게 뛰어난 자질

가운데 몇몇 사례를 찾았다. 전태일이 우리에게 남긴 유산은 세계사적인 인물들이 인류에게 남긴 유산에 비해 조금도 손색이 없다는 것을 밝히고 싶었기 때문이다.

전태일을 '투쟁·단결'을 상징으로 하는 노동운동가 또는 노동 투사로 한정한다면, 전태일이 지닌 정신의 크기를 과소평가하게 된다고 생각한다. 전태일의 숭고한 연민 정신은 풍운아 체 게바라의 인류애 가득한 혁명 정신과 충분히 비교할 만하다.

내 글을 읽은 분이 이러한 나의 의도에 동의하지 않는다면, 이는 전태일의 품성 문제가 아니라 내 부족한 글 표현력 때문이다.

2020년 11월
'전태일의 친구들'과 함께 다시 전태일을 생각하며
송필경

전태일은 누구인가

백 살을 살아도

깃털보다 가벼운 삶이 있고,

스무 살을 살아도

태산보다 무거운 삶이 있다.

전태일!

고통이 울부짖는 어두운 숲에서 태어나 자랐다.

그 숲에는 밝은 태양 빛은 존재하지 않았다.

가정은 가난의 어둠에, 사회는 착취의 어둠에 휩싸여 있었다.

전태일!

그가 자랐을 때 마치

거센 풍랑에 부서진 배에서 겨우 목숨을 구해

가까스로 정글 해변에 이른 존재였다.

착취 정글에서 득실거리는 돈벌레는 마치

썩은 시체에 굶주린 하이에나 같았다.

천박한 자본주의란 이름의 돈벌레는

돈을 아무리 먹어도 탐욕을 멈출 줄 몰랐다.

청계천 평화시장 앞 전태일 다리(버들다리)에 있는 전태일 상반신상.
이 다리 입구 거리에서 전태일은 분신했다.

전태일은 돈 악취 나는 정글에서

괴로운 숨을 헐떡이며

중심을 잃고 휘청거리는 발걸음으로

갖은 힘을 다해 겨우 한 발씩 딛고 나갔다.

전태일이 학교에 다닌 기간이라곤

고작 초등학교 2년, 중학교 1년이었을 뿐.

이런 학력은 자본주의 사회에서

밑바닥 노동자라는 영원한 형벌을 의미했다.

그런 끝없는 고통의 아비규환 속에서도

수정보다 맑은 눈과 천사 같은 마음을 간직했다.

혼자서 안락을 찾아가기에는 너무도 감수성이 예민하여

삶에서 피할 수 없는 진실인 고난을 받아들였다.

자신이 마주 대해야 할 부당한 고통에 분노보다,

자기 안락을 얻기보다,

저 '어린 여성 노동자'의 고통을 세상에 드러내기 위해

22살 싱싱한 몸을 스스로 불살라 불꽃이 되었다.

한없는 연민, 그 연민이 양심의 가책이 되어,

아무리 버둥거려도 벗어날 수 없는 고뇌가 되어,

숭고한 유언을 남기고

몸을 태워 불멸의 불길을 남겼으니…

밑바닥 노동자 생활을 하며 직관으로 깨달은 무서운 통찰을

벼락처럼 이 땅에 내리치고는 섬광처럼 떠났다.

이 어찌 경이롭지 않으냐, 이 어찌 불가사의하지 않으냐.

그러기에 끊임없이 해석하고 해석해야 할 존재다.

문학평론가는 셰익스피어 작품 속 위대한 인물이

희곡 밖으로 걸어 나와 우리 의식 안에 살고 있다고 말한다.

셰익스피어가 글로써 오백 년 전 창조한 인물은 허구지만,

그 인물은 현대 실존 인물과 다를 바가 없다는 뜻이다.

전태일의 아름다운 삶과 맑은 영혼 역시,

우리 의식 안에 활발하게 살아 있다고 나는 생각한다.

이는 우리 시대가 받은 축복의 기적이고 신화다.

단 깨어 있는 사람만이 느낄 수 있는 축복이다.

나는 인간 의지와 행위가 숭고했던,

내 시대에 있었던 깜짝 놀랄 기적과 신화를 해석하려 한다.

내 글쓰기 수준으로 나타내기에는 너무나 무모하지만,

내 나름의 관점도 있을 수 있다고 여러분께 말씀드리고 싶다.

'어린 여성 노동자'를 위해 영원한 삶을 얻은 22살 전태일,

그분이 이 땅에 복음의 말씀을 남긴 지

올해 50주기!

아, 한없는 희생으로 그윽한 사랑을 남기신 그 숭고함이여….

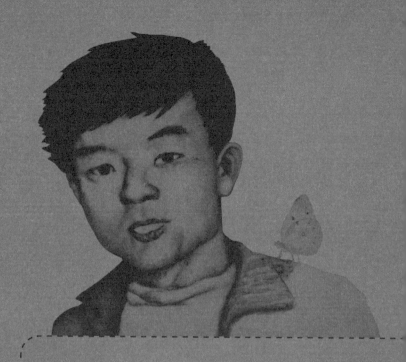

I. 오병이어

'오병이어'는 예수께서 한 소년이 가진 떡 다섯 개와 물고기 두 마리로
군중 5천 명을 배불리 먹게 했다는 기적을 일컫는다.
성경에 나오는 이 기적에 여러 가지 해석이 있다고 하는데,
나는 '나눔의 사랑'을 상징하는 기독교 비유로 보았다.

어린 시다들의 굶주림

"아버지는 한끼 점심값에 200원을 쓰면서
어린 직공들은 하루 세끼 밥값이 50원, 이건
인간으로서는 할 수 없는 행위입니다.
(…) 사회라는 가구는 그들 연소자를 사회의
거름으로 쓰고 있습니다."

1970년 6월 일기에서

어린 시다가 굶주리자 차비를 털어 풀빵을 사 준 전태일의 행위는
예수의 '오병이어'란 나눔의 기적과 다를 바가 없었다.

나눔의 사랑,
그 기억을 찾아서

비종교인인 나는 원인에 따른 결과(=인과因果) 없이 일어나는 종교 기적을 믿지 않았었다. 내 인식은 인류가 21세기인 지금까지 이룩한 과학과 이성이 해석한 환경에 둘러싸여 있기 때문에, 내 실존적인 판단은 과학과 이성 체계에서 벗어나지 않는다. 이제까지 인과 없이 일어나는 기적을 내 의식은 거부했다.

'아궁이에 불을 때야만 굴뚝에 연기가 난다' 또는 '아궁이에 불을 때지 않으면 연기가 날 리가 없다'는 인과로 분명하게 설명할 수 있는 사건만을 내 의식은 받아들였다.

비록 무종교지만 자랄 때 우리 집안 분위기는 기독교보다 불교가 생활에서 더 가까이 있었다. 불교 인식은 '이것이 있으므로 저것이 있다'는 연기(緣起), 다시 말해 자연 현상이나 인간 행위를 인과로 바라보기 때문에 기적을 망상으로 여겼다.

하지만 나는 상상력의 결과물인 예술과 문학을 과학과 이성의 인식으로 바라보지는 않는다. 영화 〈ET〉에서 자전거를 타고 달을 향해 하늘을 나는 아이들 모습을 보고 '말도 안 돼'라 하기보다는 이런 동화 같은 영화의 상상력이 꾸민 아름다움을 즐긴다.

콩쥐에게 계모는 구멍 난 독에 물을 가득 채우라 했다. 콩쥐가 도저히 물을 채울 길이 없어 쩔쩔매자, 두꺼비가 나타나 몸으로 독 구멍을 막아 콩쥐는 물을 가득 채울 수 있었다. 이런 우화는 얼마나 재치 있는 상상력인가.

동화와 우화가 보여 주는 얼토당토않은 상상은 건조한 삶에 찌든 우리를 때로는 흥미로운 세계로 이끈다. 인류는 현실의 삶이 부조리하고 암울하더라도 곤궁에 빠지지 말고 희망을 갖자고 다짐하며, 착한 사람이 잘 산다는 동화와 우화가 전하는 교훈으로 삶에서 위안을 얻었다.

동화와 우화가 예부터 현재까지 일상적 삶에 윤활유 역할을 하는 꾸며 낸 자질구레한 이야기라면, 신화는 과학과 이성이 발달하지 않은 먼 옛날에 꾸며 낸 웅장한 이야기다.

신화는 무엇을 의미했는가? 인류가 원시 상태에서 이른바 '문명시대'에 돌입하자 인류는 늘 신화를 창조했다고 한다. 인류가 이룩한 가장 중요한 문명은 말이었다. 이어서 인류는 또 다른 핵심 문명인 글을 발명했다. 말과 글이 진화하면서 인간이 가장 깊이 고민한 것은 죽음이 아니었을까? 말과 글을 서로 주고받으며 인류는 생명에는 반드시 죽음이 있다는 걸 깨달았다.

신화는 죽음 뒤에 어떤 세계가 있을까 하는 상상을 했다. 고고학 자료에 따르면 네안데르탈인조차 의미 있는 장례를 치렀다고 한다. 신화의 상상력은 눈으로 볼 수 없는 것을 생각하게 해 주었다. 눈에 보이는 세계만이 유일한 세계가 아니라는 것을 가르쳐 주려고 했다. 이성을 지닌 인간은 다른 동물과 달리 본능을 넘어 삶과 죽음의 의미를 추구하기 때문에 신화는 삶과 죽음의 본질을 파고들었다.

신화는 생명의 유한함을 인식한 인간이 죽음과 타협하기 위해 대응 논리를 만들면서, 죽음 뒤 세계에 어떤 믿음을 가졌다는 것을 보여 주었다. 고대 이집트에서 왕들이 주로 한 일은 자기 무덤인 피라미드를 웅장하게 만드는 것이었다. 중국 진시황릉이나 우리 신라 왕릉도 그러했다.

죽을 수밖에 없는 인간은 쉽게 절망에 빠지기에 애초부터 상상력을 동원하여 꾸민 이야기가 신화였다. 신화는 인간에게 더 큰 시야를 갖고 삶을 바라보게 했고, 삶의 바탕에 깔린 원형을 드러냈으며, 아무리 암울하고 무질서해 보일지라도 인생에는 의미와 가치가 있다고 이야기했다.

신화는 동화와 우화와 달리 재미로만 하는 이야기가 아니었다. 다른 어떤 세상이 있다고 이야기했다. 눈에 보이지 않지만 더욱 강력한 실재, 신들의 세계라 부르는 가상 세계가 실재하리라는 믿음이 신화의 근본 주제였다.

과학이 발달하지 않은 근대 이전에 있었던 신화는 모든 사회의식과 사회구조에 작용했으며, 오늘날까지도 전통을 유지하는 사회에 큰 영향을 미치고 있다.

신화는 쓸모없는 호기심을 충족시키거나 재미있는 이야기가 아니라, 인간으로 하여금 전능한 신들을 모방하게 함으로써 인간이 신성을 경험하게끔 해 주었다. 유한하고 나약한 인간은 잠재력을 스스로 드러내도록 하기 위해 상상력으로 만든 신들 세계를 모방하려고 노력했다.

이런 상상력의 신화 세계에서는 강력한 윤리적 의무가 없었다. 약육강식을 좇는 신들의 세계인 신화에서는 인간이 윤리적으로 어떤 행동을 해야 하는지, 다시 말해 사랑·분노·성적 열정·탐욕과 같은 강렬한 인간 감정을 어떻게 조절해야 하는지에까지는 이르지 못했다.

"네가 당하고 싶지 않은 일은
남에게 강요 말라"

철기 문명이 발달하자 농업 생산력은 급속히 발전했고, 동시에 탐욕
이 강한 힘센 무리들이 등장했다. 그러자 인류는 대규모 전쟁의 늪에 빠
졌다. 힘센 자들은 폭력과 살상을 일삼으며 약자를 무자비하게 억압하
고 착취했다.

무자비한 살상이 벌어지자 신화가 지닌 힘이 차츰 약해졌다. 인간의
폭력을 제어하자는 인류의 스승들이 등장하기 시작했다. 인류는 '축의
시대'(인류의 현자들이 탄생한 시대: 붓다, 공자, 소크라테스, 예수의 시대)를 맞이했다.

대규모 전쟁으로 들판에 산처럼 쌓이는 시체, 무자비한 강자의 횡포
에 허덕이는 노예의 삶에 비참함을 느낀 '축의 시대' 스승들은 인류에게
강력한 윤리를 요구했다.

그 윤리적 요구란 "네가 당하고 싶지 않은 일은 남에게 강요 말라"는
'윤리의 황금률'이었다. 공자는 이렇게 말씀했다.

"자신이 원하지 않는 것을 다른 사람에게 시키지 마라(己所不欲 勿施於人)."

자기 생명과 권리가 소중한 만큼 다른 사람의 생명과 권리를 소중하

게 여기라는 말씀이었다. 모든 위대한 종교의 스승들이 공통으로 요구한 것이 '윤리의 황금률'이었다. 예를 들어 가장 중요한 기독교 계명이 바로 "살인을 하지 말라"였으며, 이는 불교의 "살아 있는 모든 생명에게 폭력을 쓰지 말라"라는 간곡한 말씀과 같다. 누가 남에게 죽임을 당하는 것을 좋아하겠는가. 마찬가지로 자신이 착취를 당하지 않으려면, 남을 착취하지 말아야 하지 않겠는가.

신화는 비록 꾸민 이야기지만 그 속에 넓고 깊이 있는 삶이 있었다. 신화를 인간이 꾸며 낸 신들이 등장하는 재미있는 이야기라고만 생각한다면 너무나 피상적인 이해다. 문명 탄생과 더불어 인간이 신을 이야기한 의도는 현실 너머에 있는 보이지 않는 삶의 넓이와 깊이를 드러내려했기 때문이다.

종교는 나아가 신화가 지닌 의미 있는 상상력을 보존하면서 삶에서 분명한 윤리를 강조했다. 약육강식이라는 피비린내 나는 이기심 속에서 살아갈 것이 아니라, 삶에서 이타심 같은 경건하고 숭고한(=거룩한) 윤리를 실천하라고, 종교는 인간에게 요구했다.

종교는 신화를 고스란히 반복할 수 없었다. 종교는 더욱 숭고한 것을 깨닫고 찾아야 했다. 죽이고 죽임을 당하는 피비린내 나는 현실에서 말이다. 숭고(거룩)한 것이야말로 현실 삶의 가치라고 보았다. 그러면서도 신화에서 참이라고 생각한 것을 잃어버리지 않으려고 노력했다. 그 과정에서 종교는 현실 그 너머에 있는 더욱 깊은 곳에서 우리 삶을 지배하는 '참'이 있다는 것을 강조했다.

현실 저 너머에서 더욱 깊은 원칙을 탐색하려는 것이야말로 정열적인 종교 의무였다. 눈에 보이는 세계보다 더 깊은 근원을 찾기 위해 종교는 절대적 믿음을 필요로 했다.

믿음은 위대하지만 과학과 이성의 인과 관계를 뛰어넘어야 하는 힘든 과정을 거쳐야 했다. 왜냐하면 과학과 이성으로 이해하는 인간의 인식만으로는 숭고함(거룩함)의 기원을 도무지 알 수 없기 때문이다.

태어나서 의식이 생긴 인간이 맨 먼저 부딪히는 문제는 죽음이다. 태어난 목숨은 반드시 죽는다는 현실을 가장 두려워했다. 죽음 이후 세계를 과학과 이성으로 설명하기에는 불가능하다. 그러니 과학과 이성 시각으로 죽음 이후 세계가 어떻게 숭고한 것이라고 생각할 수 있단 말인가? 종교가 말하는 숭고함(거룩함)은 영원해서 죽음에서 벗어나 있다고 가르치고 있는데 말이다.

아무리 아름답다 하더라도 언제나 죽음과 뒤따르는 허무의 위협을 받고 있다는 현실이 모든 인류의 기본 체험이고 깊은 고통이었다. 어떻게 숭고함이 허무하게 사라지는 삶의 바탕이 될 수 있는가? 종교 믿음은 이 점에서 출발했다. 종교는 죽음이라는 두려운 모습을 숭고한 것이라는 관점 아래서 깊이 파악하려고 했다.

약자를 돕자는
위대한 연민의 탄생

인류 스승은 무엇을 인간 삶에서 가장 숭고한 행위로 꼽았을까? 붓다는 이웃에게 자비를, 공자는 이웃에게 어짊을, 예수는 이웃에게 사랑을 인간이 마땅히 실천해야 할 으뜸가는 윤리 의무라고 가르쳤다. 비로소 인류가 신화 세계를 뛰어넘는 종교 세계로 진입하면서 약자를 돕자는 위대한 연민이 탄생했다.

무종교인 내 입장에서 볼 때, 윤리 의무 실천은 강력한 믿음 전제 없이 수행하기 어려워 특히 기독교에서는 기적을 방편 삼아 믿음을 이끌어 내려 했다고 본다.

예수의 '오병이어'는 기독교인에게는 강력한 믿음이겠지만 비기독교인 내게는 의미 있는 신화 흔적으로 다가왔다. 나는 예수의 오병이어를 나눔의 사랑을 몸소 보이신 연민의 핵심적인 상징으로 보기로 했다. 이를 과학과 이성의 눈으로 부정할 것이 아니라 과학과 이성의 사고를 뛰어넘어 믿음으로 바라보자는 깨달음이 언제인가부터 다가왔다. 종교가 보여 준 기적의 의미는 21세기에 들어선 현재의 과학 세계에서도 여전히 큰 호소력을 지니기 때문이다.

다음은 전태일이 나눔 정신(=연민)을 우리에게 보여 준 신화적인 숭고한 사례다.

전태일은 구두닦이, 껌팔이, 신문팔이 같은 길거리 생활을 했다. 16살 되던 1964년 봄쯤에 봉제공장이 즐비한 평화시장에서 시다로 취직했다. 14시간 노동한 시다 일당은 커피 한 잔 값인 50원에 불과했다. 아침에는 구두닦이로 밤늦은 저녁에는 껌과 휴지 팔이를 해도 끼니를 때우기 어려웠다. 첫 출근하던 날 소감이다.

한 달 월급은 1,500백 원이었다. 하루에 하숙비가 120원인데 일당 50원으로는 어림도 없는 일이지만 다니기로 결심을 하고, 모자라는 돈은 아침 일찍 여관에서 손님들의 구두를 닦고 밤에는 껌과 휴지를 팔아서 보충해야 했다. 뼈가 휘는 고된 나날이었지만, 기술을 배운다는 희망과 서울의 지붕 아래서 이 불효자식의 고집 때문에 고생하실 어머니 생각과 배가 고파 울지도 모르는 막내 동생을 생각할 땐 나의 피곤함이 문제 되지 않았다.

평화시장 봉제공장에서는 시다로 출발하여 미싱 보조, 미싱사, 재단 보조, 재단사로 직급이 올라간다. 밑바닥인 시다와 미싱 보조, 미싱사는 주로 여성이고 직급 높은 재단 보조, 재단사는 남성 차지다.

노동자 직급의 정점인 재단사는 남성으로서 그 아래 노동자 20~30명을 거느린다. 평화시장 전체 노동자 80~90%가 여성이었으며 주로 밑바닥 일을 하며 재단사 지휘를 받았다. 비록 작은 봉제공장이었지만 업주는 황제이고 재단사는 식민지 총독같이 작업장에서 절대 권력을 흔들었다. 재단사도 고용 노동자이지만 재단사가 되면 보통 노동자 처지를 생각하기보다 업주 편에 서게 된다. 관료가 고위직으로 갈수록 국민을 우습게 보고 인사권을 쥔 권력자에게 아부하는 습성과 다를 바 없다.

아버지에게 배운 미싱 기술이 있어 전태일은 남달리 기술을 빨리 익혀 미싱 보조로 올라갔고 월급도 곧 3,000원으로 올랐다. 1965년 가을부터 평화시장에서만 일하게 됐고, 1966년에는 미싱사가 되었다.

전태일은 자기 입에 풀칠하기 어려운 시다 시절부터 평화시장 어린 여성 노동자 참상을 보고 괴로워했다. 전태일은 수기에서 다음과 같이 묘사했다.

함께 일하는 열두어 살 먹은 소녀들은 대부분 누렇게 뜬 얼굴에 못 먹어서 퀭한 눈동자를 한 채 기관지염, 안질, 빈혈, 신경통이나 위장병을 앓고 있었다. 그들은 먼지 구덩이 다락방 작업장에서 주린 배를 안고 온종일 햇빛 한번 못 보고 쏟아지는 졸음을 막으려 타이밍 약을 먹으며 뾰족한 바늘 끝으로 제 살을 찍어 냈다. 손발이 마비되도록 일하는데도 늘 하루 생계가 위태롭기만 하고, 병든 부모님께 약한 첩 해 드릴 수도, 자라는 동생의 학비도 댈 수도 없었다. 같은 또래의 아이들의 돈 잘 버는 부모들을 위해, 청계천 어린 여공들의 꿈은 좁고 어두운 다락방에서 싹둑싹둑 잘려 나가고 있었던 것이다.

전태일은 어린 여성 노동자를 '부한 자의 더 비대해지기 위한 거름'으로 부르기도 하고, '사랑스러운 동심'이라고 부르기도 했다.

'사회라는 웅장한 무대는 가장 메마른 면과 가장 비참한 곳만으로 보여 주고 있는' 현실에서 '가장 청순하고 때 묻지 않은 어린 소녀들이' 굶주리고 있을 때 전태일은 자기 차비를 털어 풀빵을 사 주었다.

나도 어서 빨리 재단사가 되어서, 노임을 결정하는 합의를 할 때는 약한 직공의 편에 서서 정당한 타협을 하리라고 결심했다.

재단사가 되려면 재단 보조부터 시작해야 한다. 미싱사가 월급 7,000원을 받는다면 재단 보조는 4,000원밖에 받지 못했다. 집안 형편이 몹시 어려웠지만 전태일은 재단 보조를 하기로 마음먹었다.

1966년 가을 전태일은 미싱사를 그만두고 '한미사'라는 잠바 만드는 집에서 재단 보조 자리를 찾았다. 아침 8시에 출근하여 밤 10시에 퇴근했다.

나는 처음 재단을 배우려고 생각할 때 결심한 바가 있어, 열심히 나에게 맡겨진 일을 했다. 내가 가기 전까지는 무질서하게 방치해 두었던 환경을 깨끗이 정리하고, 시다들이 2층에 부속을 가지러 오면 기다리는 일이 없고 찾는 일이 없도록 잘 정돈해 주고, 주머니, 후다, 싱 같은 것은 언제든지 풍부하게 잘라 두었다.

전태일은 어린 여성 노동자들에게 매우 친절하게 대하고 정성껏 작은 일이라도 도와주었다.
때때로 전태일은 점심을 굶고 있는 시다들에게 버스 값을 털어서 1원짜리 풀빵을 사 주고 평화시장에서 도봉산까지 약 12킬로미터 거리를 두세 시간 걸어가기도 했다. 그때는 밤 12시면 통행금지가 있었던 시절이다. 차비를 털어 풀빵을 사 준 날은 걸어서 가다가 미아리에서 통금이 걸린다. 그러면 파출소에서 자고 새벽 4시에 다시 집으로 가면 새벽 6시에 집에 도착한다. 세수하고 밥 먹자마자 바로 출근해야 했다.

다행히 사정을 잘 아는 파출소 순경을 만나면 파출소에서 지내지 않고 새벽 1시나 2시에 집에 도착했다. 다음은 전태일 평전에 나오는 글을 요약했다.

태일이가 처음 미아리 파출소에서 밤을 새우던 날, 어머니는 뜬눈으로 밤을 새웠다.

밤 1시가 지났는데도 집에 오지 않은 일은 취직하고는 처음이었다. 안절부절 보냈는데 새벽녘에 들어왔다. 태일이가 아무렇지 않은 듯이 희미하게 웃기에 일단 모른 척했다. 다음 날도 새벽녘에 들어왔다. 사흘째 날에 어머니는 아들에게 까닭을 물었다.

"오다 파출소에서 자고 왔어요. 어머니가 나 집 나올 때 차비 30원을 주잖아요. 시다들이 밤잠을 못 자서 꾸벅꾸벅 졸고, 일은 해야 하는데 점심까지 쫄쫄 굶기에 보다 못해 그 돈으로 풀빵 30개를 사서 여섯 사람에게 나누어 주었더니 한 시간 반쯤은 견디고 일해요. 그래서 집에 올 때 걸어왔더니 오다가 시간이 늦어서 파출소에 붙잡혔어요."

어머니는 아무 말도 못했다. 그 당시 어머니는 태일이가 출근할 때 점심으로 밀가루 빵을 쪄서 신문지에 싸 주었는데, 태일이는 그 점심도 시다들 안 보는 데서 먹거나 자기는 먹지 않고 시다에게 주었다.

(……)

몸이 고된 것보다 마음은 더욱 괴로웠다. 시다들 사정을 속속들이 알게 될수록 태일이 가슴은 비수에 찔린 듯 아팠고, 울분은 치밀어 오르고 생각은 깊어졌다.

어머니에게 이렇게 말하기도 했다.

"어머니, 순덕이(당시 7, 8살)보다 작은 애도 아침 8시부터 밤 10시까지 일하는데, 그 고사리 같은 손으로 먼지 구덩이 속에서 굶으면서 애쓰고 있는 걸 보면 인간이 이렇게 살아야 하는가 생각도 들고, 그 아이들이 기특하기도 하고 불쌍해 보이기도 합니다."

전태일은 재단사가 된 뒤에도 어린 여성 노동자 일을 하나라도 더 덜어 주려고 애썼다. 피곤해서 견디지 못하는 어린 여성 시다들을 일찍 집에 보내 주고 밤늦도록 혼자 작업장에 남아 시다가 할 일을 대신했다. 업주는 그러한 태일이가 못마땅했다.

"재단사는 재단사가 할 일만 하지 왜 시다들 일까지 참견하느냐? 그러면 시다들 버릇이 나빠진다."

그런데 다음 날에도 태일이는 밤늦게 혼자 청소하다가 주인에게 들켰다.

"어제 일껏 주의를 주었는데도 왜 또 마음대로 일찍 보냈느냐?"

"죄송합니다. 며칠 전 밤일하고 난 뒤부터 하도 피곤해하기에 애처로워서 보냈습니다. 그러나 그 애들 일할 만큼 제가 대신하면 되는 것 아닙니까?"

"그렇다면 마음대로 해! 주인 말 안 듣고 그렇게 제멋대로 하는 재단사하고는 나도 같이 일을 할 수 없으니 내일부터는 나올 필요 없네!"

전태일 핵심 사상인 연민에 따른 나눔 정신은 단순한 자선이 아니라 위대한 종교가 인류에게 요구한 바와 같은 이웃을 향한 자비요, 어짊이요, 사랑이었다. 전태일은 종교의 본질적인 숭고함(거룩함)을 실천했다. 전태일의 행위는-인간 일반 상식과 이성에 따른, 약육강식과 물질만능에 찌든- 현대인의 마음으로는 이해하기 힘들다.

전태일이 1967년 2월 18일에 쓴 일기다.

오늘은 그런대로 재미있는 하루였다. … 전에 신청한 '연합 중고등 강의록' 안내서가 아침에 배달되었으니까. 나에게 지금 이 성격이 나쁜지 좋은 성격인지 몰라도 한 푼 없는 내가 어떻게 강의록을 받을 생각을 하니 전기 곤로와 대목에 산 맘보바지와 입고 다니는 잠바를 팔아서 630원을 만들 결심을 하고 오늘은 기분이 좋아서 일기를 쓴다. '나에게는 배움을 빼고 나면 아무것도 없다.'

전태일은 입는 옷과 밥해 먹는 곤로를 팔아서 책을 샀다. 배우더라도 그 지식을 부귀영달의 발판으로 이용하거나 다른 사람들을 깔아뭉개기 위해서가 아니었다.

전태일은 지식을 포함해 인간 품성의 착한 자산을 나누려는 천성이 있었다. 남을 돕기 위해 공부를 했다. 나중에 대학생 교재인『근로기준법 해설서』를 사서 끙끙 앓으며 읽은 이유는 자본주의 노동 착취 세계에서 괴로움을 겪으며 살아가는 어린 여성 노동자를 배려하기 위해서였다.

어린 여성 노동자의 참혹한 처지를 개선하기 위해 백방으로 노력했다. 어린 여성 노동자의 피와 땀을 쥐어짜서는 돈 동산을 쌓는 업주에게 노동조건 개선이라는 자비를 구하는 일은 일찍 포기했다.

전태일은 노동자 권리를 법에서 보호하는 〈근로기준법〉을 발견했다. 이에 따라 노동자 스스로 힘으로 노동조건을 개선하기 위해 노동자 모임을 조직하려 했다. 동료 노동자들에게 단결을 호소했으나, 하루하루 겨우 먹고살며 주위를 돌볼 여유가 없는 노동자들에게 실천을 이끌어 내기는 그리 호락호락하지 않았다.

〈근로기준법〉에 따라 노동자 권리를 마땅히 보호해야 하는 노동청을 찾아 호소했지만, 독재체제에서 관료란 양의 탈을 쓴 이리였다. 대통령에게 탄원서를 넣고 언론에 애원했지만 그 모든 노력이 메아리 없는 외침이었다.

전태일,
인간해방을 부르짖은 순교자

어린 여성 노동자의 비참한 현실을 사회가 주목하기 위해서는 자기 몸을 태워 화젯거리를 만드는 수밖에 없었다.

완전한 이타심으로 자기 몸을 스스로 불태운 사건은 인류 역사에서도 희귀한 일이었다. 내가 아는 한 1963년 미국의 침략에 저항하여 분신을 한 베트남 승려가 유일했다.

전태일의 삶에는 인간이라면 조금이라도 갖지 않을 수 없다고 여겨지는 이기심을 티끌만큼도 찾아낼 수 없었다. 인간이 이처럼 이기심을 완전 포기한다는 것이 얼마나 깜짝 놀랄 만한 기적인가.

이런 전태일의 고결한 의지와 행위를 현대 과학과 이성의 심리학으로 설명할 수 있을까. 그 삶과 죽음이 너무나 비현실적이어서 한 줄기 기적처럼, 마치 신성(神性)이 곁들여진 현대판 신화와 같다는 느낌을 나는 받았다.

전태일 신화에는 엄격한 윤리 의식이 가득했다. 과학과 이성의 심리학으로 파악할 수 없는, 종교 속성이라 할 숭고한(거룩한) 가치가 있다는 걸

나는 강조하고 싶다.

전태일의 나눔이라는 오병이어 정신은 현대인의 심성으로 보면 "말도 안 돼"라 할 만한 기적 같은 베풂이었고, 연민을 실천하기 위하여 죽음을 초월해 버린 전태일의 결단은 우리 시대의 숭고한 신화다.

전태일의 분신은 자기 삶과 완벽하게 융합했다. 종교에서 의미하는 순교와 다름없었다.

어린 여성 노동자를 위해 숭고한 죽음을 선택한 전태일을 자본주의 시대에서 인간해방을 부르짖은 순교자라 부른다면 너무 지나친 찬사일까?

남한 자본주의 사회에서 전태일 신화는 우리에게 더 큰 시야를 갖고 삶을 바라보게 했고, 자본주의 사회에 걸맞은 윤리가 어떠해야 하는지를 보여 주었다.

우리가 전태일의 삶을 들여다봄으로써 지금 우리 자본주의 사회의 약점과 모순인 약육강식에 따른 양극화를 극복할 강력한 윤리 의식을 확보해야만 한다. 위대한 종교 스승이 인류에게 요구한 그 '윤리의 황금률' 말이다.

'어린', '여성', '노동자'를 비롯한 그 모든 사회 약자가 착취당하지 않는 세상이 되도록 사회제도를 개혁하는 데 최선을 다해야 하는 의무는 지금 우리 몫이 아닌가.

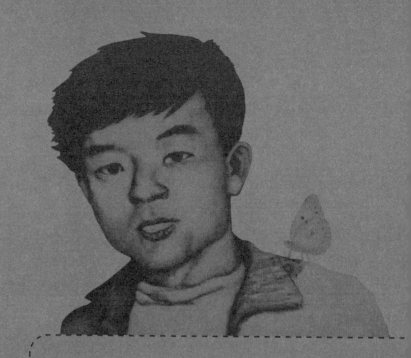

Ⅱ. 시대의 송가

베토벤의 〈합창 교향곡〉을 들을 때와 트롯 유행가를 들을 때 느끼는 감정은
사람마다 다르리라. 〈합창 교향곡〉 같은 고전음악에 익숙하지 않은 사람은
합창이 시끄러워 귀에 거슬리게 느끼고, 고전 음악에 친숙한 사람은
〈합창 교향곡〉의 질서정연한 웅장함에 환희를 느낀다.
트롯 유행가도 마찬가지라 생각한다.
트롯 멜로디에 즐거움을 느끼는 사람이 있는 반면
경박해서 거슬린다고 느끼는 사람이 있으리라.
음악 자체에 사람에게 즐거움 또는 거슬림을 불러일으키는 요소가 있는 것이
아니라, 음악을 듣는 사람의 개성(주관이나 취미)에 따라 즐겁게 혹은 거슬리게 느낄
뿐이다. 개성에 따른 감정을 귀한 것과 하찮은 것으로 나눌 수 없다..

모란공원에 있는 전태일 묘소

숭고함의 감정과 아름다움의 감정은 어디에서 오는가

아름다움을 느끼는 감정은 무엇일까? 아름다움도 즐거움을 느끼는 감정과 다를 바 없다. 어떤 이에게는 아름답게 보이는 대상이 다른 이에게는 아름답게 보이지 않을 수 있다. 인간은 자신이 쌓은 지식과 욕구에 따라 자기 느낌을 판단한다. 그래서 아름다움을 느끼는 감정은 개성에 따르며 매우 주관적일 수밖에 없다.

르누아르의 화사한 그림에서 아름다움을 느끼는 사람이 있고, 피카소의 기하학적 그림에서 아름다움을 느끼는 사람이 있다. 묵직한 동양 수묵화에서 아름다움의 극치를 느끼는 사람도 분명 있다.

그래서 칸트는 아름다움을 느끼는 감정을 "논증은 할 수 없지만 논쟁을 할 수 있는" 것이라며 아름다움의 잣대를 절대적으로 또는 보편적으로 주장할 수 없다고 했다.

감성 인식(감정)을 다루는 '미학'을 집대성하여 학문적 영역으로 끌어올린 칸트 견해를 들어 보자.

"더욱 세련된 감정은 주로 두 가지 종류인데, 숭고함의 감정과 아름다움의 감정이 그것이다. 이 두 가지 감정에서 생겨난 감동은 아주 다양한 방식으로 기분 좋게 한다. 구름 위로 솟아오른 눈 덮인 봉우리의 산악 풍경이나, 성난 폭풍에 관한 묘사, 혹은 밀턴의 지옥에 대한 묘사는 만족스럽기는 하지만 동시에 소름 끼치는 공포도 불러온다.

이와는 달리 꽃들로 가득한 들녘이나, 시냇물이 굽이쳐 흐르고 풀을 뜯는 가축들로 뒤덮인 계곡의 풍경 또는 엘리시온(영웅들이 사는 낙원)에 관한 이야기나, 비너스의 허리띠에 관한 호메로스의 묘사 역시 기분 좋은 느낌을 불러오면서 즐거움과 미소도 자아낸다.

앞의 예들에 관한 인상이 적당한 강도로 일어날 수 있기 위해서 우리는 숭고함의 감정을 가져야만 하며, 뒤의 예들에 관한 인상을 우리가 적절히 누리기 위해서는 아름다움을 느낄 감정이 있어야만 한다."

트롯 유행가는 즐겁고 사람에 따라 아름답다고 느끼는 사람이 있다. 그런데 트롯 유행가를 숭고하다고 느끼는 사람은 드물지 않을까. 베토벤 〈합창 교향곡〉은 아름답기보다는 웅장함에서 오는 숭고함을 더 느끼게 한다.

르누아르의 화사한 그림은 행복을 느끼게 해 주지만, 피카소의 웅장한 그림 〈게르니카〉는 시대 야만을 극명하게 나타내어 보는 이에게 시대 아픔을 느끼게 한다. 셰익스피어의 『베니스의 상인』은 위트가 넘치는 사랑스러운 희극이지만, 『햄릿』은 처절하게 고뇌하는 지성을 보였다.

웅장하면서 아픔을 느끼게 하고 비극적인 지성의 감정은 어떤 것일까? 칸트의 이야기를 계속 들어 보자.

"밤은 숭고하고 낮은 아름답다. 숭고함은 감동시키고, 아름다움은 매료시킨다. 위트가 아름답다면 지성은 숭고하다. 숭고한 성질은 존경을 불러일으키고, 아름다운 성질은 사랑을 불러일으킨다.
비극은 다음과 같은 점에서 희극과 구별된다. 비극에서는 숭고한 감정이 생겨나고, 희극에서는 아름다운 감정이 생겨난다. 비극에서는 타인의 행복을 위한 위대한 희생, 위험에 처했을 때의 대담한 결단, 그리고 모든 시련을 통과한 충정심이 그려진다.
바로 그런 상황에서의 사랑은 애달프고도 온화하며 또한 경이롭다. 타인의 불행은 관객의 가슴을 움직여 공감을 주며, 타인의 고뇌 앞에서 그 관객의 관대한 심장을 뛰게 한다. 그는 조심스럽게 감동하여 자신의 고유한 본성의 위엄을 느끼게 한다."

노래 '합창', 그림 '게르니카', 연극 '햄릿'은 아름답다기보다는 숭고하다. 이런 숭고함은 작가 정신의 크기에 비례한다. 위대한 작가는 세상을 자기 정신의 넓이만큼 넓게 작품에 나타낸다. 또한 작가의 가슴에 품은 슬픔의 깊이만큼 세상 슬픔을 바라본다.

숭고함이란 정신이 품고 있는 넓이와 슬픔의 깊이를 아주 크고 깊게 나타낼 때 보는 이로 하여금 느끼게 하는 감정이라 할 수 있다.

숭고한 감정은 아름다운 감정과 달리 지성에도 호소한다. 이런 지적 감정은 인간이 누릴 수 있는 최고 형태의 감동이다. 무엇보다 숭고한 감정은 불순한 감정을 정화(카타르시스)하는 역할을 한다. 숭고한 감정을 불러일으키는 고귀한 행위는 도덕적으로 탁월함을 뜻했다.

도덕적 탁월함은 고귀한 성품에서 비롯했다. 고귀한 성품은 정신의 크기와 깊이가 크고 깊다. 크고 깊은 정신은 고통을 겪은 사람만이 드러낸다.

어떤 삶이든 오직 행복과 즐거움으로만 이룰 수 있겠는가. 인간 삶이란 고통의 불꽃을 피할 수 없기 마련이다. 고통 없는 행복 추구는 으레 허영에 들뜨거나, 경박하거나, 마약 같은 것에 빠지기 쉽다.

인간 존재의 어쩔 수 없는 한계에 부딪히며 고통을 회피하지 않을 때만이 참된 모습의 삶을 볼 수 있으며, 그 고통을 통해 정신은 크기와 깊이를 갖는다. 이런 사람은 노예의 삶을 거부하고 자유로운 정신을 유지한다. 이 자유로운 정신은 패배하더라도 그 정신의 크기와 깊이를 유지하기 때문에 영웅적인 존엄을 결코 훼손하지 않는다.

구차한 승리보다는 패배를, 구차한 삶보다는 죽음을, 구차한 안락보다는 고통을 선택하는 사람은 비극적인 종말을 맞는다. 그럼에도 그런 자유로운 정신은 우리에게 감동을 주고 정신을 높인다. 심한 고통 속에서 자유를 잃지 않은 정신에서 우리는 숭고한 가치를 발견할 수 있다.

나를
영원히 잊지 말아 주게

21세 청년이 유서를 썼다.

사랑하는 친구여, 받아 읽어 주게.
친구여, 나를 아는 모든 나여
나를 모르는 모든 나여
부탁이 있네. 나를, 지금 이 순간의 나를 영원히 잊지 말아 주게.
(……)

1960년대 중후반, 당시 청계천 평화시장에서는 14, 15살 어린 소녀 시
다들이 하루 14~16시간 일하여 받는 일당이 업주 커피 한 잔 값에 불과
한 50원이었다.

어린 여성 노동자 참상에 젊은 남성 노동자 전태일은 몹시 괴로워했다.

어느 날, 한 여성 미싱사가 일하다가 새빨간 핏덩이를 재봉틀 위에

왈칵 토해 내었다. 각혈이었다. 태일이는 급하게 돈을 걷어서 병원에 데려가 보니 폐병 3기였다. 평화시장의 직업병 가운데 하나였다. 그 여공은 해고당하였다. 이 사건이 태일에게 준 충격은 매우 컸다.

『전태일 평전』에 나오는 이야기다.

시다를 거느리는 재단사 전태일은 어린 여성 노동자 처지를 개선해 달라고 각계에 호소했다. 아무리 호소를 해도 메아리조차 들리지 않았다. 마침내 자신이 죽어야만 안일한 정부와 공무원, 언론, 그리고 업주를 자극해서 관심을 불러일으킬 수 있다는 판단을 하고 죽음을 결단한 유서를 썼다.

전태일은 죽음을 앞두고 삼각산 임마누엘수도원 예배당 건축공사에 약 5개월을 노동 봉사하며 죽음에 이르는 최후 결단을 놓고 몸부림치며 기도했다. 낮에는 돌을 깨고 땅을 파고 장작을 져 나르는 노동하고 밤에 기도했다. 마침내 22살 청년은 아래 유서를 쓴 지 석 달이 지나 죽음을 실행했다.

이 결단을 두고 얼마나 오랜 시간을 망설이고 괴로워했던가?
지금 이 시각 완전에 가까운 결단을 내렸다.
나는 돌아가야 한다. 꼭 돌아가야 한다.
불쌍한 내 형제의 곁으로,
내 마음의 고향으로…
내 이상의 전부인 평화시장의 어린 동심 곁으로.
(……)

결코 알 수 없는 것에, 어디로 가는지 모를 때 인간은 두려움을 느낀다. 도저히 알 수 없는 두려움이 바로 죽음이 아니겠는가. 인간에게 죽음보다 더 두려운 것은 무얼까.

개인적인 커다란 좌절이나 극심한 고통이 아닌 이타적인 목적으로 두려움을 떨쳐 버리고 자기 목숨을 기꺼이 내놓는 것만큼 숭고한 일이 있을까? 왜냐하면 누구에게나 자기 목숨보다 더 크고 귀한 것이 세상에 있을 수가 없기 때문이다.

세상에는 숱한 글이 있다. 이타적인 큰 뜻으로 자기 목숨을 내어놓고 쓴 글보다 더 숭고한 글이 있을까? 죽음을 초월한다는 것은 육체를 포기하고 오직 정신을 통해 죽음의 공포를 뛰어넘는다는 의미다. 이렇게 쓴 글보다 더 숭고한 글이 있을까?

"단재 신채호는 일제에 나라를 빼앗길 운명에 처하자 신문기자가 되어 논설을 쓰며 글로써 항일운동에 크게 기여했다. 또한 역사책을 다양하게 여러 권을 써서 민족의식을 고취하였다.

그러면서 항일비밀결사 조직인 신민회에도 참여했다.

조국이 일제에 강점당하자 중국으로 건너가 독립투쟁을 이어 갔으며 상해임시정부에도 참여했다. 조선의열단에 가서 '조선혁명 선언'이라 부르는 '의열단 선언'을 집필했다.

무장항쟁 단체에 참가했다가 일제에 체포되어 무자비한 고문을 받고 뤼순감옥에 갇혔다가 고문 후유증으로 사망했다. 그러한 모진 감옥 생활에서도 글쓰기를 꾸준히 이어 나갔다.

우리는 분명 이렇게 말할 수 있다. 단재 신채호 선생의 『조선상고사』를 비롯한 여러 글이 숭고했고, 전태일 열사 '유서'와 여러 수기가 숭고한 글임을."

아는 게 많고 똑똑하고 재치가 있어 읽기 좋은 달콤한 글과 잘 다듬은 아름다운 글을 능숙하게 쓰는 사람은 많다. 일제 강점 시대에 이광수나 서정주 같은 인물 말이다. 그러나 그 시대 압도적인 정신의 크기를 보여 준 숭고한 글은 아주 드물었다. 죽음을 각오하고 17번이나 투옥 당하면서 끝내 감옥에서 목숨을 잃은 이육사는 웅혼한 기개를 품은 시 「광야」를 남겼다. 일제 강점기에 쓴 드물게 숭고한 글이었다.

감각적이고 사소한 감정에 사로잡힌 숱한 친일 작가가 놀랄 만한 가치를 지닌 글을 쓴다는 것은 가능한 일이 아니었다. 식민지에 굴복한 삶에서 나온 글은 언제나 궁핍했고 천박했다. 일제 강점기 36년 동안 '조선 글 창고'는 거의 텅 비어 있었을 뿐이었다.

타인의 고통에 공감하여 그 비참함을 알리기 위해 스스로 목숨을 버리며 쓴 전태일 글에는 숭고함이 묻을 수밖에 없다. 귀한 목숨을 버리는 압도적으로 큰 정신이 바로 숭고함이다.

숭고한 글이란 아름다운 기교로 묘사하거나 어떤 논쟁에서도 이길 수 있는 기술로 무장하여 쓴 글이 아니다. 글을 통해 설득하기보다, 영혼을 일깨우는 감동이 있는 글이다.

고대 그리스 시대에 있었던 말이다.

"숭고한 글은 정신을 뒤흔드는 힘을 통해 설득하는 글이나 듣기 좋은 글을 언제나 능가한다."

고대 그리스 소피스트들의 현란한 수사학에 소크라테스가 격렬하게 반발했던 이유는 소피스트들의 정신 가치를 외면한 몰가치성에 있었다. 일제 강점기에서 지금까지 순수 예술을 지향하는 자들 역시 비난받아야 할 점은 시대와 사회 아픔을 외면하는 그 기회주의적인 몰가치성이 아닐까?

숭고한 글의 생명은 눈에 보이는 기교적 구성이 아니라 눈에 보이지 않는 어떤 정신이다. 글은 글쓴이 삶과 다르지 않을 때 생명을 지닌다.

기교를 정확하게 구사하여 아름다운 문장을 만들더라도 그런 글은 올바른 정신을 본질적으로 나타낼 수 없다. 기교는 육체를 치장할 수 있어도, 영혼을 드러내지 못한다. 정신의 크기가 빠진 감성은 자칫 놀이로 흐르거나 아름다운 과장에 불과할 뿐이다. 아름다운 글을 쓰는 사람이 많아도 커다란 감동을 불러일으키는 글을 쓰는 사람이 극히 적은 이유다. 죽음을 초월하여 쓴 글보다 더 큰 감동은 있을 수 없다.

숭고 체험은 매혹이 아니라 감동이다. 놀이가 아니라 진지함이다. 감동적이거나 진지한 감정은 사랑이라기보다는 존경심이다.

숭고한 죽음이 남긴 휴머니즘

트롯 유행가를 들으며 매혹적인 놀이로써 사랑의 감정을 느낄 수 있겠지만, 커다란 감동이나 진지함이나 존경심에 빠져들기는 어색하다.

실러의 시 〈환희의 송가〉를 합창곡으로 만들어 교향곡에 삽입한 베토벤 〈합창 교향곡〉은 사랑의 감정을 느끼게 하기보다 존경심을 이끌어 낸다. 무엇보다 베토벤이란 천재 음악가가 약 30년간 구상하여 만든 작품이다. 음악가로서는 소리를 들을 수 없는 치명적인 귀앓이의 고통 속에서 세속의 권력에 허리를 굽히지 않고, 음악가의 자존심을 고귀하게 지킨 만큼 음악 정신의 크기와 깊이는 타의 추종을 불허했다.

교향악단과 합창단의 웅장한 규모 앞에서 청중이 먼저 느끼는 감정은 즐거움이라기보다는 숨 막힐 듯한 위압감이나 전율스러운 경외심이다. 이런 숭고한 음악은 본능적으로 긴장으로 전율이 일어나고 난 뒤 전율이 가라앉아야 안도의 감정이 생기면서 감동이 밀려온다. 신앙심이 깊은 사람이라면 〈합창 교향곡〉에서 신적인 거룩함을 느꼈으리라.

평생 그늘진 인생 공기만을 호흡한 무지렁이 노동자가 굶주린 어린 여성 노동자를 위해 숭고한 죽음을 감행한 결과 천박한 남한 자본주의 사회에서 새로운 인식 지평이 열렸다. 22살 청년의 죽음이 사회 중대사가 된 적이 우리 역사에서는 아주 드물었다. 불교라는 꽃을 심기 위해 순교한 신라 청년 이차돈(506~527) 이후 처음이리라. 『삼국유사』에 따르면 이차돈은 순교를 결심하고 다음과 같은 말을 남겼다고 한다.

"버리기 어려운 모든 것들 가운데 목숨보다 더한 것은 없을 것입니다. 그러나 제가 저녁에 죽어 불교가 아침에 행해진다면, 부처님의 해가 다시 떠오르고, 임금께서는 길이 편안할 것입니다."

전태일의 분신이 전율스러운 공포를 불러일으켰지만 유언과 글들이 알려지면서 우리 사회 모든 양심적인 지성인을 감동시켰다. 이차돈의 순교가 신라 지성인을 감동케 했듯이.

독실한 기독교 신자였던 전태일에게 진실한 신앙인들은 어쩌면 순교자적인 '숭고함(거룩함)'을 엿보지 않았을까. 민주화 운동 거목이신 함석헌 선생과 김재준 목사가 청년 전태일의 죽음을 그렇게 보셨다.

어떤 인간이든 마음속에 분명 나약하고 이기적인 면이 있고, 다른 사람의 고통에 대한 연민의 감정이 있는 이타적인 선한 마음씨도 있다. 이기적인 욕심과 이타적인 연민은 일반적인 인간에게 손의 손등과 손바닥이다.

칸트는 자비로운 동정심은 도덕적 행위라고 할 수 없다고 했다. 인간은 여유로울 때 마음이 이끌려 동정심을 발휘하다가 자기 처지가 어려워지면 동정심을 거두기 때문이다. 어려운 처지에서 하기 싫어도 그것이

해야만 하는 일이기 때문에 그 일을 할 때, 그 행위는 참으로 도덕적일 수 있다. 선이란 '어떠한 경향성(마음의 이끌림)이 없이 오직 의무로부터' 어떤 일을 행할 때 발생한다고 칸트는 말했다.

전태일이 어린 여성 노동자들에게 차비를 털어 풀빵을 사 준 동정심은 아름다운 일이었다. 어린 여성 노동자의 환경을 근본적으로 개선하기 위해 자신의 목숨을 버려 사회에 경종을 울린 행위는 칸트도 감탄할 만한 도덕적인 숭고함, 바로 그것이었다!

전태일의 도덕적 감성은 천부적 자질에다 자신에게 날카로운 채찍을 가하는 엄격한 '자기훈련'을 했기 때문에 숭고했다.

전태일은 초등학교조차 제대로 다니지 못했다. 교육을 받을 수 없었던 남루한 환경에서 빛을 낸 전태일이 실천했던 도덕은 남한 현대사에서 가장 숭고한 흔적을 남겼다고 나는 생각한다.

아름다움이라 할 만한 대상은 모두 화려하고, 그 화려한 꾸밈을 어마한 돈으로 치장한 요즈음 시대에 아름다운 대상은 많다. 한류라는 이름의 아름다움을 창조한 연예인들이 지구촌 전체를 매료하고 있는 것에 나도 자랑스럽게 생각한다.

그러나 우리 사회는 전태일의 도덕적 숭고함을 평가하는 데에는 인색하다. 전태일이란 이름의 범위를 '단결·투쟁'이라는 노동자 권익 쟁취 운동으로만 좁게 한정하고 있지는 않은가 하는 반성이 필요하지 않을까.

인간에게 육체노동은 신성한 것이기에 노동자는 마땅히 존중받아야 한다. 하지만 전태일 정신을 '투쟁·단결'이라는 노동운동 상징으로만 바라봐서는 안 된다.

전태일은 '어린', '여성'을 향한 연민이 남달랐다. 그 연민을 사랑으로 승화했고, 그 사랑을 위해 온몸을 던진 숭고한 휴머니스트다. 우리는 전태일 정신을 인류가 그토록 오랫동안 염원한 '평등을 향한 인간해방 선언'으로 보아야 한다.

철학자 사르트르는 체 게바라를 '우리 시대 가장 완벽한 인간'이라 극찬했다. 체 게바라는 영원한 혁명을 위해 죽음을 마다하지 않았다.

죽음으로써 입증한 전태일의 어린 여성 노동자를 향한 연민은 가장 숭고한 휴머니스트의 모범으로 인류사에 자리매김해야 한다고 나는 생각한다.

"전태일의 삶은 참으로 아름다웠다. 전태일의 죽음은 참으로 숭고했다."

〈환희의 송가〉와
〈임을 위한 행진곡〉이 불리는 광장에서

　다음은 음악의 성인 베토벤이 자신의 교향곡 〈합창〉에 합창의 가사로 실은 실러의 시 〈환희의 송가〉다. 베토벤이 23살 때 이 시를 바탕으로 작곡을 결심한 뒤 30년 지난 뒤 완성한 작품이 〈합창〉이다.

　베토벤 자신은 그때 청각 장애로 이 음악 연주를 들을 수 없었다. 오랜 준비와 그런 고난을 이기고 인류에게 가장 숭고한 음악을 선사한 셈이다.

　환희의 송가

　환희여 아름다운 신의 찬란함이여

　엘리시움 여인들이여

　우리 모두 황홀감에 취하여

　빛이 가득한 성스러운 곳으로 돌아가자

　신비로운 그대의 힘은

　가혹한 현실에 갈라진 자들을 통합시키고

모든 인간은 형제가 되노라

그대의 고요가 휘날리는 곳에.

유럽연합(EU)을 결성하고 EU의 상징 노래를 선택할 때였다. 누군가 베토벤 〈합창〉을 선택하자 했을 때 만장일치로 선택했다. 독일 음악이었지만 영국, 프랑스, 이탈리아, 스페인 등 유럽 어느 나라도 반대는커녕 당연하게 받아들였다. EU의 품격에 가장 적합한 노래였다. 인류 염원인 인류 단결과 우애를 담은 숭고한 '고전' 음악이었기 때문이다.

고전이라는 명칭을 붙인 예술은 아무리 세월이 흘러도 변함없이 신선하고 아름다우면서 숭고하다. 숭고한 고전 음악이, 한 시절 유행이 지나면 싫증이 나고 식상하기 쉬운 대중예술과 대비되는 차이점이다.

숭고했던 '5·18 민중항쟁'에서 우리는 〈환희의 송가〉 못지않은, 위대한 고전 음악이라 해도 손색이 없는 〈임을 위한 행진곡〉을 남겼다.

전태일의 인간애를 담은 숭고한 시와 그 시에 곡을 붙인 숭고한 고전 음악이 언젠가 이 땅에 울려 퍼지리라고 나는 굳게 믿는다.

내 바람은 이렇다. 〈환희의 송가〉 못지않은 숭고한 시로는 조영래 변호사의 시 〈노동자의 불꽃: 아아, 전태일〉이 있다.

여기에 곡을 붙인다면…, 그 작곡가는 우리 베토벤이 되리라.

어쨌든, 전태일 정신을 담은 노래, 이 땅에 꼭 울려 퍼져야 한다!

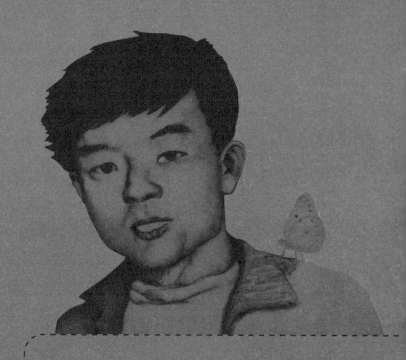

Ⅲ. 한 치도
흐트러짐이 없는
자기훈련

전태일은 22년이란 짧은 삶을 살았지만 친구와 동료, 이웃과 가족, 그리고 자기를
아는 모든 이에게 그들이 눈감을 때까지 도저히 잊지 못할 헌신적인 사랑을
바쳤다.
남한 자본주의 사회의 근본 모순을 예리하게 포착한 지성인이었고, 모두에게
익숙해진 불합리를 바로잡기 위해 자기 몸을 바친 실천가였고, 불의에 맞서기
위해 예수에게 진실한 믿음을 구한 참다운 신앙인이었다.

6

1. 나는 원래의 ... 목표에서 ...는가?

2. 현환경이 비관으로 ... 극단적으로 낙담 하거나, 비관하지 처져 ...는가?

3. 항상 낙관. 행동에도 ... 평상시의 ... 계획량이 있는가?

4. 나는 나의 바른 관점을 ... 지우려고 있는가?

5. 나의 그릇된 ... 에게서, 모든지 ... 하려고 하는가?

6. 환경을 선택하고 인식하여 비판할 수 있는가?

7. 착한 ... 최선을. 바른 ... 있어서 과거 ... 성숙을 ... ?

8. 모든지 현실속에서 ... 비판할까?

9. 나는 여러 ... 생각이 ... 침착하여. 지혜롭고 ... ?

10. 남이 나에게 신뢰를 ... 있는 경우에 ... 의 경건을 ... 있는가?

11. 나는 ... 에 대하여 ... 있고, 또한 ... 는 어디나 충분히 ...

12. 우선순위 방법론을 ... 하고 있는가?

13. 나의 모범과 ... 준비를 갖추어. 무엇이 방향 ...?

14. 기술과 업무력 결단성 ... 적응력 ... 등에서 현재의 내 처지에. 가장 필요한 것은 무엇인가?

15. 나는 이러한 ... 수준을 ... 하고 있는가?

16. 선배 보다 못한 나의. 일생의 목적에 대하여, 바르면 ... 하였는가?

17. 선배의 ... 일생의 ... 으로서. 희망선이 있는가 없는가?

18. 그러한 희망선이 없다고 하면. 일생의 ... 충실성으로서. 나로서 ... 하는 것이 옳은가? 옳다.

19. 나는 여러 ... 위의 ... 으로서 ... 순응되는가?

20. 나는 나의 일생의 궁극의 목적을 ... 한 ... 한 것인가? Yes.

X 목적을 잡고 간 것을 ... X

X ... 의 권리가가 ... 그래 ... 떠맡겨 ... 본질적 으로 1일에 못 자는 충격 ...

X 우리의 이러한 ... 해결 ... 로서 성숙되는 건 ...

X 목적이 ... 목적의 성공이 목적이다

X ...

청년,
그의 삶을 돌아보며

어린 시절을 비렁뱅이로 보냈다. 때로는 어머니 걸식으로 주린 배를 채웠다. 냇물에 떠내려온 배추 잎과 무 조각을 건져 씻은 다음 소금과 고춧가루를 뿌린 것을 맛있는 김치처럼 먹었다. 어린 나이에 청계천 평화시장에서 밑바닥 노동자로 일했다. 자기에게 닥친 모질고 거친 환경과 부당한 삶에 불평하기에 앞서 자기보다 더 아픈 사람에게 먼저 눈길을 돌렸다.

자기 자신과 가족의 처지가 끔찍한데도 어린 여성 노동자의 끔찍함에 더 괴로워하며 그 아픔에 귀와 눈을 닫지 않았다. 어린 여성 노동자의 삶이 왜 이다지 힘들고 짐스러운지를 설명해 주는 이가 아무도 없어, 어린 여성 노동자의 약한 어깨를 짓누르고 있는 무거운 짐을 들어 주기 위한 해결책을 찾아 혼자 고민했다. 전태일은 이 세상을 자기 혼자만 사는 것이 아니라 가난하고 힘없는 민중과 함께 살아야 한다고 생각했기 때문이다.

1964년, 16살 전태일은 청계천 평화시장에 첫발을 디뎠다. 여기에서 전태일은 남한 자본주의의 모순을 포착했다.

14, 15살 어린 여성 노동자가 하루 14시간 이상, 한 달에 2일만 쉬는 노동에 시달렸다. 업주들은 어린 여성 노동자들의 연약한 근육에서 빨아들일 수 있는 노동을 수단과 방법을 모조리 동원하여 다 빨아들였다.

어린 여성 노동자들이 일하는 컴컴한 작업장에는 실 먼지가 펄펄 날리는데도 환기창 하나 없었다. 허리를 제대로 펼 수 없는 좁은 공간에서 일하느라 피를 토하는 일이 잦았다. 한창 자랄 예민한 사춘기 어린 여성이 혹독한 노동에다가 굶기가 다반사였다.

영양실조, 위장병, 전신쇠약, 호흡기 질환, 눈병, 신경통, 생리불순 같은 만성질환을 사춘기에 얻었다. 주일도 없이 장시간 저임금 노동에 시달리는 어린 여성 노동자들이야말로 예수 손길이 가장 필요한 가엾고 불쌍한 양들이었다.

전태일은 대구에서 어릴 때 잠시 교회에 다녔으나 1966년 중반부터 제대로 교회에 다니기 시작했다. 어린 여성 노동자 처우 개선을 위해 정부기관, 시청, 방송국, 심지어 대통령에게 탄원서를 쓰는 등 만방으로 노력했지만 한낱 노동자 호소에 세상은 냉담했다. 그럴수록 전태일의 신앙심은 뜨겁게 달아오르면서 열정적인 기도에 매달렸고, 이 기도를 통해 이웃에게 사랑을 실천하겠다는 종교 신념이 점점 무르익었다.

전태일이 인간으로서 내보인 진정한 위엄은 자신에게만은 대단히 엄격했다는 사실이다. 날마다 자신의 소명을 점검하고 지난 하루를 반성하는 기도를 올렸다. 일상에서 먼지 한 톨이라도 영혼에 묻지 않게 애썼다. 어떤 숭고한 무게감이 기도하는 전태일의 정신에 자연스럽게 담겼다. 전태일은 침착하고 확신에 찬 인간으로 변모했다.

청년,
스스로 묻고 다짐하다

전태일은 마지막 결단을 내리기에 앞서 몸과 마음을 닦기 위해 실천해야 할 여러 구체적인 항목을 골라 놓고 스스로 묻고 다짐했다.

선한 삶, 진지한 삶, 지혜로운 삶. 새로운 삶에 어울리는 자기 모습을 가꾸기 위해서였다.

다음은 전태일의 수기 중 '자기훈련(自己訓練)'이란 제목의 글에 있는 정신과 육체를 단련한 실천 항목들이다.

1. 나는 어떠한 일에도 종교적 신념을 가지고 있는가?

2. 나는 인생의 명확한 목적을 가지고 있는가?

3. 친구나 동료, 윗사람에 대하여 성실하고 솔직한가?

4. 나는 도덕적으로 결백한가?

5. 나의 목적을 이룩하기 위하여 자기 수양에 노력하고 있는가?

6. 장래를 위한 지식을 쌓기 위하여 연구를 게을리하고 있지 않은가?

1. 두뇌의 능률을 유지하기 위하여 신체적 에네르기의 사용을 절약하지 않으면 안 될 육체적인 약점이 없는가?

2. 신장에 비하여 체중이 보통인가, 어떤가?

3. 음식은 충분한가, 과식은 하지 않는가?

4. 매일 밤잠은 잘 자는가?

5. 운동은 충분한가, 운동이 과하지는 않은가?

6. 몸과 마음에 나쁜 영향을 끼칠 좋지 못한 습관은 없는가?

1. 나는 쉽사리 낙담하지 않는가?

2. 활상의 파란으로 극단적으로 낙관하거나 비판하거나 하지 않는가?

3. 실망, 낙담했을 때에도 일을 평상시와 같이 계속할 수 있는가?

4. 맡은 일에 대해 정력을 다 기울이고 있는가?

5. 어제 그릇된 일 때문에 오늘의 일에 방해가 되거나 하는 일은 없는가?

6. 결단을 신속하고 명확하게 내릴 수 있는가?

7. 확신 있는 해답을 내릴 수 있을 때까지 문제에 생각을 집중할 수 있는가?

8. 동료나 윗사람에 대하여 정직한가?

9. 나는 여러 가지로 생각이 깊고 신중하며 기략이 있고 친절한가, 어떤가?

10. 딴 의견이 있을 수 있는 경우에 딴 사람의 의견만을 좇는 일이 있는가, 없었는가?

11. 나는 일에 대하여 빈틈이 없고 또한 일하는 태도가 훌륭하다고 볼 수 있는가?

12. 수입의 몇 할을 저축하고 있는가?

13. 나의 교양과 지위 향상에 준비를 위해서 수입의 몇 할을 정해서 쓰고 있는가?

14. 기술과 집중력, 결단성, 인내력, 깊은 생각, 믿음성 등에서 현재의 내 지위에 가장 필요한 것은 무엇인가?

15. 나는 이러한 성능을 얼마나 지니고 있는가?

16. 현재의 일은 나의 일생의 목적에 대하여 얼마만 한 의지를 가졌는가?

17. 현재의 일은 일생의 사업으로서 희망성이 있는가, 없는가?

18. 그러한 희망이 없다고 하면 일생을 걸 만한 사업으로서 따로 나에게 적당한 사업이 있겠는가? 없는가?

19. 나는 어찌하여 위의 말한 각 조목의 물음에 답하였는가?

20. 나는 나의 일생의 궁극의 목적을 달성할 수 있을 만한 인물인가?

불과 20살 남짓한 노동자가 자신을 단련하기 위해 스스로에게 질문한 마음 자세 품격이 어찌 이렇게 엄격하면서 정갈할 수 있단 말인가?

자기 능력의 한계를 물은 까닭은 자신의 판단을 올바르게 갖추기 위해서였다. 그러고 나서 도덕적으로 바른길에서 한 치도 벗어나지 않게 걸었다.

나는 전태일의 자기 다짐을 담은 위의 자료를 읽으면서 유교 경전인 사서(四書) 가운데 유교 사상 핵심 이론이 담긴『중용(中庸)』, 그 철학의 가장 핵심인 '신독(愼獨)' 사상이 떠올랐다.『중용』1장 3절 내용은 이렇다.

"그러므로 군자는 누구도 보지 않는 곳에서 경계하고 삼가며, 그 누구도 듣지 않는 곳에서 조심하고 두려워한다. 숨은 곳에서 보다 자신의 모습이 더 잘 드러나는 것이 없고, 미세한 것보다 더 뚜렷한 것이 없다. 그러므로 군자는 홀로 있을 때 더욱 삼가는 것이다(是故君子戒愼乎其所不睹, 恐懼乎其所不聞. 莫見乎隱, 莫顯乎微, 故君子愼其獨也.)."

이에 도올 김용옥 선생은『도올선생 중용강의』에서 '신독'을 이렇게 해석했다.

신독이란 홀로 있을 때 삼간다는 말이다. 아무도 안 볼 때 제대로 자신의 일을 하거나 자신의 마음을 바로 다스린다는 뜻이다.
유학에서 말하는 '신독'이 근세의 기독교 신앙의 '기도' 사상으로 변하여 자리 잡았다. 기도의 본질은 '홀로 하는 것'이다. 키르케고르에 따르면 서양인의 기도 핵심은 '단독자'의 개념이다. 기도는 단독자로서, 다시 말해 홀로 신과 대면하는 것이다.
로마서 12장 2절에서 사도 바울은 말씀하셨다. "너희는 이 세대를 본받지 말고 오직 마음을 새롭게 함으로 변화를 받아 하나님의 선하시고 기뻐하시고 온전하신 뜻이 무엇인지 분별하도록 하라."
이 세계의 세속적인 가치에 흔들리지 않고 신과 홀로 만나 나의 양심을 지킨다는 것이 기독교 신앙의 본질이다.

동양인에게는 '(신과 대면하는) 단독자'라는 개념이 없었다. 인간 존재를 파악하는 방식은 '도(道)'라는 개념이다. 도는 나와 우주 만물이 이미 관련되어 있다는 것을 뜻하며 따라서 홀로 있을지라도 조심하지 않을 수 없다. 도는 잠시도 떠날 수 없다는 말과 홀로 있을 때 삼간다는 말이 왜 나오느냐 하면, 도에서 잠시라도 떠날 수 없는 삶, 그러한 삶은 남이 보든 안 보든 똑같기 때문이다.

그런데 남이 보는 데서 하는 행위보다는 보지 않는 데서 하는 행위야 말로 이 문명을 개혁해 나갈 수 있는 힘이 되는 것이다. 그것이 이 문명의 진실이다.

내 행위가 남에게 보이지 않을지라도 이런 행위가 전체의 도에 항상 관련이 되어서 남에게 언젠가는 혜택을 주리라는 믿음, 이 보이지 않는 도에 대한 보편적인 믿음이 없이는 군자의 삶은 성립할 수 없다.

'신독'은 성리학에서 가장 중요한 자아 수양이고, 이를 통해 자아실현에 이른다. 큰 뜻을 이루기 위해서는 남에게 보이지 않는 곳, 들리지 않는 곳에서도 소홀한 마음을 가져서는 안 된다는 것을 강조한 가르침이다.

도올 선생의 또 다른 책 『중용 한글역주』에서는 신독과 비교해 기도를 이렇게 해설했다.

마태복음(10:26-27)에 있는 말이다.

그런즉 저희를 두려워하지 말라. 감추인 것이 드러나지 않을 것이 없고, 숨은 것이 알려지지 않을 것이 없느니라. 내가 너희에게 어두운 데서 이르는 것을 광명한 데서 말하며, 귓속말을 듣는 것을 옥상 위에서 선포하라.

숨은 것처럼 잘 드러남이 없고, 미세함처럼 잘 나타남이 없다. 따라서 구태여 드러날 필요가 없고 나타날 필요가 없다. 숨어 있고, 미세한 곳에서 인간 본래 모습의 최대치를 발현하는 것이다.

예수를 믿는다고 인간의 구원이 발생하지 않는다. '예수 믿음'의 구체적 일상적 의미가 기술되어야 한다. 그 의미가 기술되고 실천될 때만이 그 믿음은 검증될 수 있는 것이다.

인간은 고독 속에서 성장하고 하늘을 발견하는 것이다.

인간은 홀로 있을 때, 우주의 그 어느 누구도 나를 보지 않을 때, 은밀한 디테일이 있다. 수도(修道)의 대상이 될 때, 그때를 삼가야 하는 것이다. 삼감은 신중함이다. 삼감은 자기 절제이며, 자기 발견이며, 자기 주체의 심화과정이다.

군자는 위기의 상황에서 홀로 두려움이 없으며, 세상을 등져 아무도 알아주지 않는다 해도 답답함이 없다.

자신의 뜻을 성실하게 한다는 것은, 마음의 지향성을 바르게 갖는다는 것은 곧 스스로의 감정을 기만하지 않는다는 것이며, 악취를 싫어하듯 악을 미워하고, 아름다운 것을 좋아하듯 선을 사랑하는 그 진정성을 보지(保持)하는 것을 의미한다.

'홀로 있을 때의 감정을 신중히 한다'는 신독은 개인의 내면적 상태이므로 사회적 결과에 의하여 선악을 판단하는 일체의 공리주의 윤리설과는 거리가 멀다는 것도 기억해 둘 필요가 있다.

자기 수련의 근본은 신독에 있다. 신독은 내면적 주체성의 심화이며 그것은 신비주의적 해후가 아닌 인간의 삶의 일상성과 관련이 있다.

청년 전태일, 모든 사람이 이웃에게 반짝이는 별이 되기를 바랐다

'신은 디테일에 있다(God is in the detail)'는 속담이 있다. 요즈음은 '악마는 디테일에 있다'라고 많이 쓴다. 어떤 일을 할 때 문제점이나 불가사의한 요소가 세부사항 속에 숨어 있다는 뜻의 속담이다. 대충 보면 쉽게 보이는 일도 제대로 해내려면 예상했던 것보다 더 많은 시간과 노력을 철저하게 쏟아부어야 한다는 의미이다.

디테일(detail)이 『중용』에 나오는 '은미(隱微: 숨어 있는 미세한 것)'의 뜻과 매우 닮았다.

세상을 맑게 보려면 자기 눈에 있는 때를 먼저 벗겨야 한다. 정신도 마찬가지가 아닐까? 치열한 삶에는 치밀한 정신 준비를 뒷받침해야 했다. 전태일은 자기 정신에서 한 톨의 '은미(디테일)'한 부분도 철저하게 점검했다. 전태일은 '자기훈련'에 적은 대로 자신에게 진실하게 묻고 정직하게 답했다. 전태일은 20살 갓 된 젊은 노동자였지만 이 세상 참과 거짓이 무엇인지 알았다.

평화시장 업주들은 배가 불렀다. 그러나 올바른 의식을 지닌 사람은 거의 없었다. 평화시장에서 업주는 노예를 부리는 주인이었고 어린 여성 노동자는 노예에 불과했다. 그런 세상을 본 전태일 가슴 반(半)에는 배고픈 노예를 향한 연민, 다른 반은 배부른 주인을 향한 분노가 있었다. 어린 전태일은 연민과 분노를 함께 담은 어쩔 수 없는 인간 심장을 지녔다.

전태일은 평화시장 봉제 업소에서 타고난 뛰어난 기술로 재단 보조에서 시작하여 이름난 재단사로 급성장했다. 좀 더 자기 이익에 밝았다면 자신의 처지에서는 앞길이 탄탄했다.

전태일은 자기 앞길을 개척하기보다 어린 여성 노동자들이 부당하게 노예가 된 삶을 고귀한 인간의 삶으로 바꾸려고 노력했다. 부당한 세계에서 정당한 권리를 외친다면 편하게 살 수 없다. 전태일은 고난의 길을 선택했다.

자신의 고통스러운 기억으로 이웃의 고통을 바라보면서 새로운 깨달음을 얻었고, 기도를 통해 이웃의 고통을 덜어 주기 위해 자신을 희생하겠다는 신념이 옳다고 확신했다. 사람들이 서로를 아끼고 누구나 이웃에게 반짝이는 별이 되었으면 하고 전태일은 바랐다.

전태일은 고난의 길을 걸으며 실로 많은 글을 남겼다. 학교 교육을 거의 받지 않았고 밑바닥 노동자로 보냈지만, 글 솜씨 수준과 품격은 전문가도 경탄을 자아낼 정도였다. 논리에 앞선 타고난 영감으로 글을 썼다. 모차르트가 5살에 음악의 본질을 이해하고 작곡했다는 사실과 별반 다를 바 없는 기적이었다.

일기와 수기, 사업계획서, 시, 독후감, 미완성 소설, 탄원서, 유서….

일기와 수기는 진솔했고, 근로기준법을 지키는 사업체를 창업하려고 구상한 사업계획서는 정밀한 시계를 만드는 기능공처럼 치밀했다. 가장 탁월했던 글쓰기는 감수성이 돋보이는 시였다. 노동해방을 위한 소설은 아무래도 미숙한 점이 있는 미완성 작품이었다. 서울시청, 노동청, 언론에 보낸 탄원서는 반박할 수 없는 명확한 논리를 담았다.

'대통령께 보내는 탄원서'를 불편하게 읽은 박정희는 "젊은이가 예의는 있군!"이라는 말을 남겼다고 했다. 전태일이 남긴 유서와 죽음을 결단한 수기에 이르면 어떤 문학가도 표현할 수 없는 엄숙함이 가득 차 있다.

많이 배워 지식인이라 자처하는 사람들이 노동자 전태일 글을 보고 깨달아야 할 점은 그 글에는 고운 화장이나 화려한 포장 같은 어떤 위선도 없었다는 사실이다. 아름다운 글(미문美文)이 나쁘다는 것이 아니다. 전태일의 글은 자기 삶과 완벽하고 품위 있게 일치했기 때문에 아름답게 치장한 관념적인 글보다 숭고하다는 뜻이다.

나는 전태일이 몸과 마음을 닦기 위해서 다짐한 '자기훈련' 글에서 세상의 때를 묻히지 않으려는 참다운 선비의 꼿꼿함, 또는 하나님께 전적으로 의지하며 맹렬히 기도하는 수도사의 거룩한(숭고한) 기운을 느꼈다.

Ⅳ. 분신,
그 숭고한 불길

1970년 11월 13일 오후 1시 30분 청계천 평화시장,
사람의 몸에서 불꽃이 치솟았다.
노동자 전태일이 스스로 몸을 태우면서
세상을 밝힌 불꽃이었다.
이 분신 불꽃은 우리 사회에서
가난한 한 사람 한 사람 인격이
존엄을 빼앗긴 단순한 기계일 뿐이라는 것을 알았을 때
어떤 몸부림이 있었던가를 보여 준 숭고한 신화였다.
1977년 가을, 시국 사건 수배자 조영래는
청계천 평화시장 일대에서 숨어 떠돌 때
자신의 장편시 〈노동자의 불꽃: 아아, 전태일〉을
이렇게 시작했다.
"저
　처절한 불길을 보라
　저기서 노동자의
　아픔이 탄다.
　저기서 노동자의 오랜
　억압과 죽음이 탄다.
　아하, 노예의 호적은 불살라지고
　끝없는 망설임도 마침내 끊겨 버린
　저기서
　노동자의 의지가
　노동자의 저항이
　노동자의 자유가
　불타오른다."
1970년에 무지렁이 노동자가 몸을 불살랐고,
1977년에 당대 최고 지성인이 불멸의 불꽃이 된 영혼에 시를 바쳤다.

베트남 꽝득 스님이 분신하는 모습. 전태일 분신 사진은 아무도 찍지 못했다.

불의 바다에 핀
연꽃

전태일 열사 하면 가장 먼저 떠오르는 이미지는 '분신'이다. 분신(焚身)은 '자기 몸을 스스로 불태움'을 말한다. 청계천 평화시장 노동자 전태일은 천박한 자본주의 사회에 경종을 울리기 위한 수단으로 자기 몸을 불살랐다.

전태일 열사는 왜 분신을 택했을까? 가장 고통스러운 방법으로 말이다. 여러 자료를 찾아보아도 전태일 열사가 수단으로써 분신을 선택한 '왜'를 나는 아직 찾지 못했다.

1963년, 베트남에서 '꽝득'이란 스님이 미국이 베트남에 개입하려 하는 데 항의하는 분신을 감행했다. 이 뉴스는 전 세계에 충격을 주었다. 1955년생인 나도 이 분신을 언론을 통해 알아 어렴풋이 기억한다. 1948년생인 전태일 열사도 이 뉴스를 보았을까?

2001년부터 내가 베트남전쟁사를 자세히 들여다보기 시작했을 때, 가장 먼저 충격을 받은 사건이 베트남 스님 분신이었다.

나는 전태일 열사가 베트남 꽝득 스님 '분신'을 알고 있었으리라 짐작만 했을 뿐 전태일 열사가 이 분신을 언급한 기록을 찾지 못했다.

요즘 여러 자료를 찾아보니, 전태일 열사는 죽음을 결단한 후 치열하게 기도에 매달렸다. 분신은 기독교에서 환영받는 선택은 아니라고 나는 알고 있다. 기독교 사회에서 사람 몸을 태우는 것은 중세 시대 마귀들에게 행하는 형벌로 기능했다. 현대 서구인들은 미국 극우 인종차별 단체인 KKK단이 흑인을 나무에 매달아 불태우는 잔인한 범죄인 린치(사형私刑)로 생각하고 있다. 그러나 불교에서는 자기 몸을 태워 부처님에게 바치는 일을 성스러운 행위로 여긴다.

기독교와 불교의 종교 차이를 넘어 꽝득 스님의 분신과 전태일 열사의 분신은 거룩한 '무엇'을 공유하고 있지 않았을까.

꽝득 스님이 분신할 무렵 베트남의 사회 분위기와 스님의 분신 과정을 자세히 들여다봄으로써 우리는 전태일 열사의 분신 의미에 더 명확히 다가가리라고 나는 생각한다.

왜냐하면 베트남과 우리는 비슷한 시기에 외세가 강제한 남북분단과 동족상잔이란 너무나 닮은 시대 아픔을 모질게 앓았기 때문이다. 그리고 외세에 의지한 독재체제에서 신음한 민중의 고통이 서로 다를 바가 없었음은 쉽게 짐작할 수 있지 않은가. 동병상련(同病相憐)!

1. 불의 바다에 핀 연꽃(Lotus in a Sea of Fire)

네거리 한가운데 스님이
홀로 불길 속에 반듯이 앉아 있다.

불길은 스님 몸을 에워싸고
공중으로 활활 타오른다.

스님 몸에 붓다가 흐른 휘발유로
스님 주변도 불바다를 이루었다.
뒤에는 휘발유를 담았던 빈 통이 있다.
스님은 그런 불길 속에서 움직이지 않았다.
스님을 중심으로 한 네거리에는
많은 스님들이 빙 둘러 있다.

불길이 스스로 서서히 꺼지자
스님의 숯덩이 몸이 드러났다.
스님의 가부좌 자세는 그대로였다.

1963년 6월 11일 오전 10시,
사이공 시내 한 네거리에서의 분신,
뒤에 역사는 스님의 분신을 이렇게 일렀다.

"불의 바다에 핀 연꽃(Lotus in a Sea of Fire)."

뉴욕타임스 베트남 특파원 데이비드 핼버스탬(David Halberstam)의 목격
담이다.

"나는 그 광경을 다시 볼 수도 있었지만 한 번으로 족했다. 불꽃이 솟구치더니 몸이 서서히 오그라들면서 머리는 새까맣게 타들어 갔고, 사람 살 타는 냄새가 진동했다. 놀라울 정도로 몸은 빠르게 불 탔다. 내 뒤에 모여든 베트남 사람들은 흐느끼며 울기 시작했다. 너무나 충격을 받은 나는 울음도 나오지 않았다. 극도로 혼란스러워 메모를 작성하거나 질문을 던질 수도 없었다. 생각조차 할 수 없을 지경이었다. … 불길에 휩싸여 타들어 가면서도 '틱꽝득'은 미동은 커녕 신음소리 하나 내지 않았다. 그런 그의 모습이 울부짖는 주위 사람들과 날카로운 대조를 이루었다."

한 여승은 그날, 오토바이를 타고 가다가 그 십자로를 지나던 참에 정말 우연하게 스님의 분신자살을 목격했다.

"꽝득 스님은 화염에 휩싸여서도 용감하고 온화한 얼굴로 평화롭게 앉아 계셨습니다. 인도에 엎드려 울부짖는 사람들에 둘러싸여 있었고 스님은 완전한 부동자세였습니다."

베트남 마지막 왕조의 수도였던 중부지방의 도시 훼(Hue)에 '티엔 무 사(Thien Mu Pagoda: 天母寺)'가 있다. 이 사원 중간에 있는 한 건물에 꽝득 스님이 이 절에서 사이공까지 타고 간 영국제 녹슨 하늘색 오스틴 승용차와 스님의 여러 사진이 전시돼 있다. 안내판에는 이렇게 적혀 있다.

가장 존귀한 꽝득 스님은 1963년 6월 11일, 이 차를 타고 엉 꽝 사에

서 판 딘 퐁 거리와 레 반 주엣 거리의 교차로로 갔다. 가장 존귀한
스님은 차에서 내려 곧바로 연화좌로 앉아, 불교도를 차별하고 종교
적 자유를 모독하는 응오 딘 지엠 정권의 정책에 항의하기 위해 자신
을 불살랐다.

2. 누구나 시를 짓는 정감이 넘치는 민족

푸른 벼가 바다처럼 펼쳐 있는,
풍요롭고 비옥해 젖과 꿀이 흐르는 땅.
인구 8할 이상이 오랜 대승불교를 믿는 나라,
외세에 저항할 땐 치열하지만,
평소는 유순하기 그지없는 민족.
예술에 재능 있고 예술을 사랑하며 특히,
누구나 시를 짓는 정감이 넘치는 민족.

그 땅, 그 민족의 몸에서 화염을 내뿜는
과격한 사상이 어떻게 나왔을까?

1954년, 베트남은 자신들을 백 년간 식민 지배한 프랑스를 물리쳤다.
아시아의 작은 나라가 유럽 식민 본국을 무력으로 무찌른 것은 인류 역
사에서 처음이었다.
승리한 베트남은 전쟁이 끝나자마자 열린 제네바 협상에서 인민의 투

표를 통해 스스로 정부를 택할 당연한 권리를 찾았다.

호찌민 정부가 압도적인 지지를 받을 것은 누구도 의심하지 않았다. 미국은 사회주의 정권 탄생을 용납할 수 없어, 제네바 협정서를 휴지조각처럼 찢고 1955년 베트남을 강제로 남북으로 갈랐다. 베트남은 얼토당토 않았지만, 힘이 없었기에 오만하고 편협한 미국에게 당할 수밖에 없었다. 그러나 베트남은 그 뒤 무력으로 침략한 미국을 수렁에 빠뜨려, 1975년에 민족통일을 이루면서 미국의 힘의 논리에 커다란 상처를 입혔다.

1955년, 미국은 베트남을 분단한 후 북쪽 호찌민 정권에 대항할 남쪽 괴뢰 정권을 급조했다. 미국이 선택한 인물은 칭찬할 거라고는 눈곱만큼도 없는 응오 딘 지엠(Ngo Dinh Diem, 1901~1963)이었다.

한반도에 골수 친미 반공주의자 이승만을 세워 재미 본 것처럼, 1955년 미국은 남베트남에 이승만과 여러모로 닮은 지엠을 대통령으로 앉혔다. 민족주의자로 자처한 지엠 또한 철저한 친미 반공주의자이며 겉은 반프랑스 탈을 썼지만 프랑스 식민에 협력했던 인사들로 정부를 꾸렸다. 베트남판 이승만이었다.

지엠 통치는 이승만, 박정희 그리고 전두환 이 세 사람 악행을 합친 것보다 훨씬 더 잔혹하였고 또한 그 부패는 이루 말할 수 없었다.

지엠 동생 응오 딘 뉴는 직함이 단지 대통령 고문이었지만 실제로는 배후 권력을 장악했다. 당시 CIA 자금으로 편성한 특수부대가 남베트남에 파견해 있었다. 뉴는 그 특수부대를 자기 사병으로 부렸다.

뉴의 아내 '마담 뉴'는 사실상 퍼스트레이디 노릇을 했다. 시아주버니인 지엠이 독신이었기에 마담 뉴가 베트남 여왕으로 군림했다.

정부 요직은 지엠 친척 차지였다. 지엠 일족은 가톨릭 신자였다. 형은 가톨릭 대주교 응오 딘 툭이었다.

베트남은 인민 8할 이상이 불교 신자다. 지엠과 정부 고위층들은 식민지 시절 프랑스 교육을 받은 탓에 대부분 가톨릭 신자였다. 권력과 부를 극소수 가톨릭이 독점했다.

3. 민족 독립과 자유를 위한 투쟁

지난 이천 년 동안 외세에 저항한 베트남 역사에는 거대한 강이 있으니, 수많은 항쟁을 겪으면서 격언과 믿음이 흘러들어 왔다. 선조들의 '민족 독립과 자유'를 위한 처절한 투쟁으로 거대한 강은 언제나 신선한 피로 붉게 물들었다.

베트남은 백 년 동안 프랑스 식민 지배를 받았다. 2차 세계대전 때는 일본이 점령했다. 베트남은 일본이 항복하기 전부터 군사 공격하여 연합군이 베트남에 들어오기 전에 일본군 무장을 해제하고 독립을 선언했다. 1945년에 전쟁이 끝나자 미국 도움으로 다시 침략한 프랑스와 약 10년 동안 처절하게 싸웠다. 프랑스가 물러난 자리에 미국이 들어오자 소중한 '민족 독립과 자유'가 또 짓밟히고 땅은 두 조각으로 찢겼다.

20세기 후손들은 선조의 숭고한 저항 역사를 결코 잊지 않았다. 미국 지배를 받는 남베트남 민중 저항은 거셌다. 때문에 남베트남의 수많은 감옥에는 정치범이 10만 명에서 15만 명을 헤아렸다. 한 감옥에서는 정치범 약 5천 명에게 독약을 탄 음식을 먹였고, 그래도 살아남은 자들에게 총탄 세례를 퍼부었다.

남베트남 민중의 인내가 한계에 다다르자 무장 게릴라를 조직했다. 1960년 12월 20일, 북베트남과 아무 관계없는 자발적인 전사들이 모여 '민족해방전선'을 만들었다. 미국이 '베트콩'이라고 비하한 이 무장 단체가 민중의 전폭적인 지지를 얻어 괴뢰정권을 곧 무너뜨릴 듯 위협했다.

갓 취임한 미국 대통령 케네디는 미국 재산을 몰수한 쿠바의 카스트로 정권을 무너뜨리기 위해 1961년 쿠바를 침공했다가 처절하게 굴욕을 당했다.

케네디 대통령은 어떻게 해서든 남베트남을 사수했어야 했다. 혹시 베트남이 공산화되면 젊은 케네디는 돌이킬 수 없는 정치적 타격을 입기 때문이다.

케네디는 남베트남에 무력 군사고문단을 파견하고 괴뢰정권에 대한 무기 공급을 확대했다. 미국이 압도적인 무력으로 침략하자 남베트남 민중의 고통은 이루 말할 수 없었다.

세계는 미국이 일방적으로 흘려보내는 정보 장막에 가려져 베트남 민중이 당하는 고통의 실상을 전혀 알 수 없었다.

4. 베트남의 영원한 심장

몸을 불사른 스님은 틱꽝득(釋廣德, Thich Quang Duc),

틱(釋)은 스님이라는 뜻이고 꽝득(廣德)은 법명이다.

우리말로 하면 광덕 스님이다.

원 이름(俗名)은 람 반 팟(林文發, Lâm Văn Phát)이다.

1897년 베트남 중부 아름다운 해변 마을 나짱에서 농민의 아들로 출생했다. 일곱 살에 출가해서 남베트남 각 지방에 포교하며 평생 30여 개의 절을 건립한 인물이었다.

부와 권력을 손아귀에 쥔 베트남 가톨릭 세력은 불교를 탄압했다. 많은 사찰을 닫게 하고 승려를 해산했다. 이는 정권 부패를 비판하던 불교계에 대한 보복이었다.

지엠 일족은 베트남을 가톨릭 나라로 만드는 것을 사명이라 믿고, 저항하는 불교도를 모조리 체포해서는 갖은 고문을 했다. 절을 봉쇄하고 수돗물과 전기 공급, 심지어 음식까지 차단했다. 남베트남 각지에서는 불교도들의 불만이 이만저만이 아니었다.

일부 젊은 승려들은 게릴라전을 펼치는 남베트남민족해방전선 즉 '베트콩'과 물밑에서 조용히 연대하고 있었다.

아, 불교도들의 무장 투쟁에 찌푸린 눈길을 보낼 필요는 없다. 임진왜란 때 우리 승려들이 우리 땅을 침략한 일본군과 싸운 승군(僧軍)을 떠올려 보라!

1963년 5월 1일부터 9일까지 부처님 오신 날 기념행사가 열렸다. 베트남에서는 가장 신성한 날이다. 그런데 성모 라벤 교회 낙성식과 시기가 겹쳤다. 그 행사에는 응오 딘 지엠 대통령과 동생 뉴 고문 부부, 형인 툭 대주교가 참석키로 했다. 그 교회에 가려면 베트남 중부 도시 훼를 통과해야 했다. 훼는 마지막 왕조 수도였으며 베트남 불교의 중심지다.

훼 거리에 펄럭이는 깃발을 보고 "저게 뭔가?" 하고 지엠이 물었다. "불교 상징입니다"라고 수행원이 대답하자, 곧바로 전국에 불교 깃발을 내리라고 명령했다. 하지만 깃발을 내릴 수 없었다. 항의 데모가 일어났기 때문이다. 훼 시민들의 불만과 저항은 이만저만이 아니었다. 훼 시장은 깃발을 올려도 된다고 라디오 방송에서 약속했지만, 결국 정부 압력에 굴복하고 말을 바꾸었다.

5월 8일 불교 깃발을 걸고 가는 긴 행렬을 향해 군 장갑차가 돌진하며 발포했다. 우리 광주 5·18 때 상황과 비슷했다. 14명이 중상을 입고 8명이 죽었다. 아이들도 장갑차에 깔려 죽었다. 여덟 명의 영정은 사이공으로 옮겨져 싸러이사에 공양되었다. 사이공 거리는 마치 들끓는 기름 가마 같았다.

불교 데모는 점점 격렬했다. 군은 물대포를 쏘고 최루탄을 던졌지만 진압하지 못했다. 데모대의 선두에 선 사람은 젊은 승려들이었다. 승려들은 비폭력으로 일관하겠다는 맹세를 했다.

그런 상황에서 꽝득 스님은 자신의 몸을 스스로 불태우는 소신공양(燒身供養, Burning Service)을 결심했다.

아침 10시 꽝득 스님은 십자로에 앉아 불길에 휩싸이면서 15분 동안 미동도 없었다. 그리고 천천히 하늘을 향해 쓰려졌다. 양손 손가락으로 감로인(甘露印) 표시를 한 채였다.

스님 유해를 불교 깃발에 싸서 '싸러이'사(寺)로 옮겼다. 사람들이 몰려들었다. 군대가 출동하여 싸러이사를 철조망으로 봉쇄했다. 비가 내리고 천둥 번개가 쳤다. 사람들은 흠뻑 젖은 채 언제까지고 돌아가지 않았다. 싸러이사 본당엔 관을 준비했고, 검게 탄 유해를 천에 싸고 부패를 방지하기 위해 찻잎을 넣어 두었다.

다음 날 싸러이사에는 군중 10만 명이 모였다. 일터며 가게며, 학교를 일제히 쉬고 물처럼 몰려들었다. 6월 20일 이른 아침, 꽝득 스님 유해를 화장터로 옮겼다. 부패하기 시작했기 때문이다.

남베트남 수도 사이공은 들끓었다. 관에 다이너마이트가 장치되어 있다는 소문까지 퍼졌지만, 화장터까지 이어지는 7킬로미터 길은 사람으로 가득 찼다.

화장터에 도착했을 때는 오전 9시였다. 아침이 이른 베트남에서는 이미 점심에 가까운 시간이었다. 꽝득 스님의 유해를 소각로에 옮겨 디젤 연료를 사용한 4,000도 불로 6시간 태웠다. 그런데 심장만은 타지 않았다. 다시 연료를 보충하여 오후 3시에서 오후 5시까지 태웠으나 그래도 심장은 타지 않았다. BBC나 보이스 오브 아메리카는 '영원한 심장(Eternal Heart)'이라고 보도했다. 스님의 심장을 싸러이사에 안치하기로 했다. 또 사람들이 물밀듯이 몰려왔다. 모두가 울면서 '영원한 심장'을 우러렀다.

아, 이게 현대판 신화인가?

5. 소신공양 이후 탄압은 더해지고

지엠 정권 각료들은 대책 마련을 서둘렀다. 타오르는 스님 모습이 전 세계 신문지면에 머리기사로 보도되었기 때문이다. 전 세계가 충격을 받고 전율했다. 그리고 베트남 국내에서는 '영원한 심장'을 향한 열기가 번져 갔다. 지엠은 매우 당황했다. 이대로는 미국 정부 지원을 못 받게 될지도 몰랐다. 우선 '영원한 심장'을 어떻게든 없애야 했다. 그래서 비밀경찰 두목을 싸러이사로 파견했다.

두목은 '영원한 심장'에 황산을 뿌렸다. 하지만 심장은 녹지 않았다. 비취처럼 단단해졌고, 비밀경찰이 그 심장을 가져가려고 했다. 승려들은 '영원한 심장'을 지키기 위해 금속 용기에 담아 구리줄로 단단히 봉인하고 나서 사이공 시내 스웨덴 은행에 맡겼다. 거기라면 안전할 거라고 생각했다. 베트남전쟁이 끝나자 하노이 국립은행으로 옮겼다. 지금은 사이공(호찌민시)에 돌아와 카이 호이 다라 근처에 있는 국립은행에 보관하고 있다고 한다.

꽝득 스님 소신공양 이후 정부 탄압은 더 심해졌다. 8월 21일 계엄령이 내려진 한밤중, 특수부대가 베트남 각지 절을 습격하여 1,400명에 달하는 승려들을 일제히 체포했다. 훼에서는 백 명에 가까운 승려와 불교도들이 죽었다.

6. "나라가 태평하고 국민이 안락하기를 기도합니다"

꽝득 스님! 농민 아들이 일곱 살에 출가해서는 올곧고 정직하고 진지한 승려가 되었다.

1963년, 스님은 예순여섯 노령임에도 불교도 데모나 단식에 참여했다.

5월 초 탄압은 더욱 과격해지고 훼에서는 잔인한 학살이 일어났다. 스님은 훼에서 일어난 학살을 두고 말씀을 남겼다.

"이 가슴 아픈 사건을 앞에 두고, 베트남공화국 헌법과 응오 딘 지엠 대통령이 주장하는 민주법치, 공동공진사회의 노선에도 명기되어 있는 신앙의 자유를 위해, 그 이상을 위한 투쟁에 베트남 불교도는 일어서야 한다.

　정리(情理)에 맞는 투쟁을 위해, 규율을 지키고 비폭력적이며 온건하게, 베트남 불교 승려들은 이 베트남 불교에서 일찍이 없었던 국면을 맞이하여, 투철한 의지를 가지고 진정한 의사 표현을 해야 한다.”

　5월 27일 스님은 베트남 통일불교회에 스스로 몸을 불사르겠다는 ‘소신공양 청원서’를 제출했다. 통일불교회는 지도자 열다섯 명이 있었다. 이들이 최종 결정을 했다. 분신 허가 신청 청원서를 이 지도자들에게 제출했다.

　스님은 지엠 대통령에게 편지를 썼다.

　“나, 비구 꽝득은 관태음사 주지입니다. 우리나라 불교가 고난의 때임을 보고, 수행자 한 사람으로서 나는 불교가 멸망해 가는 것을 좌시할 수 없어 이 한 몸 불살라 불교를 지키는 공덕을 행할 수 있기를 기꺼이 청합니다.

　(……)

　나라가 태평하고 국민이 안락하기를 기도합니다.

　눈을 감고 부처의 세계로 들어가기 전에, 나는 감히 응오 딘 지엠 대통령에게 전하고 싶습니다. 박애와 자비의 마음으로 국민을 위해 종교 평등의 정책을 실행하고, 그리하여 영구적으로 나라를 지키도록 말입니다.

　나는 승려와 불교도들에게 진심으로 청합니다. 불법을 지키기 위해 일치단결해야 합니다.

　나무아비타불

사이공, 1963년 6월 4일

비구 꽝득 올림."

스님은 제자들에게 당부했다.

"내가 불타서 만약 뒤로 쓰러져 하늘을 보면 우리들 투쟁은 성공하고 평화가 올 것이다. 하지만 내가 엎드려 쓰러지면 불길한 징조이니, 그때는 해외로 도망하라."

제자들은 다짐했다.

"스님 희생을 개죽음으로 만들어서는 안 된다. 아시아인 단 한 사람의 정신력으로 전 세계를 떨게 만드는 것이 우리 역할이다."

스님은 분신의 목적을 단 한 줄로 적었다.

"우리들의 입장을 분명하게 하기 위해 스스로 이 몸을 불사른다."

남베트남 정부와 압도적인 군사력으로 유린해 오는 미국에 항의하기 위해 가솔린을 뒤집어쓰고 제 몸을 불사르기로 결심했다.

꽝득 스님이 대통령에게 보낸 청원문과 제자들에게 한 당부는 전태일이 대통령에게 보낸 '인간 최소한의 요구'란 내용의 호소문과 청계천 노동자 동료에게 한 당부와 너무나 닮지 않았는가.

꽝득 스님 제자들은 '스님 희생을 개죽음으로 만들어서는 안 된다'고 다짐했다. 이는 전태일의 마지막 유언인 '내 죽음을 헛되이 하지 마라'와 너무나 닮지 않았는가.

7. 압제자의 마음에 경종을 울리다

서구 언론은 물론 전 세계가 경악했다.

서양인들은 분신을 결코 이해할 수 없는 폭력적 행위로 볼 수밖에 없었다. 분신이 의미하는 커다란 사랑과 희생적인 정신을 이해할 수 없었다.

소신공양은 대승불교 경전 가운데 가장 오래되고 성스러운 『법화경』에 나오는 극적인 일화를 떠올리게 한다. 보살, 즉 깨달은 존재는 붓다에 대한 열렬한 희생으로 자신 손가락과 발가락, 팔을 태우고 그리고 끝내는 자기 신체 전부를 태운다.

"이것은 참다운 법으로써 여래를 공양하는 길이다. 나라를 다 바치고 처자로 보시하여도 이것이 제일 보시다"라고 했다. 따라서 소신공양은 모든 종교 행위 가운데 가장 큰 의미를 지닌다. 그러므로 틱꽝득 스님과 다른 사람들의 희생은 대승불교 문화에서 자란 사람들만이 온전히 헤아릴 수 있는 의미를 갖는다.

개인적인 좌절이나 절망을 이기지 못해 극단적인 선택을 하는 자살하고도 다르다. 프랑스에서 국제 참여불교 운동의 지도자로 주목받는 활동을 펼친 낫 한 스님(Thich Nhat Hanh, 1926~)은 당시 킹(Martin Luther King, 1929~1968) 목사에게 편지를 썼다.

"1963년 베트남 스님들의 소신공양은 서구 기독교적 도덕관념이 이해하는 것과는 아무래도 좀 다릅니다. 언론들은 그때 자살이라고 했지만, 그 본질은 그렇지 않습니다. 이는 저항 행위도 아닙니다. 분신 전에 남긴 유서에서 그 스님들이 말하는 것은 오로지 '압제자의 마음에 경종'을 울리고 그 마음을 감동시키는 것이 목적이며, 베트남 사람들이 겪는 고통에 세계 이목을 집중하게 하는 목적입니다.”

꽝득 스님의 소신공양은 힘없는 사람의 고통을 없애려는 데 가장 큰 목적이 있었다. 꽝득 스님의 분신은 현대 불교의 사회적·정치적 특징을 강력하게 드러냈다. 화염 속에서 죽어 가며 좌선하고 있는 승려 모습을 통신사와 텔레비전이 보도했고, 이어 다른 스님 36명과 재가 여성 신도 1명이 분신함으로써, 지엠 정권을 향한 불교도들의 고통과 저항의 메시지를 전 세계 사람들 마음에 깊이 새겼다. 그러나 이들 죽음의 불교적 의미를 대부분 서구 시청자와 논평가들은 놓쳤다.

승려가 정치적인 저항에 참여하는 것이 일반적인 것이었을까? 이 스님들은 대중 감정을 대변한 것이었는가, 아니면 극단적인 행동가들인가? 자기 몸을 바치는 것이 전통적인 수행의 하나였는가, 아니면 정도를 크게 벗어난 것인가?

베트남 대승불교에서 전통적으로 비구계를 받으려는 사람은 승가 250계를 준수하겠다고 맹세하면서 작은 점 크기로 자기 신체를 태운다. 이렇게 격렬한 고통을 경험하면서 말한 맹세는 '마음의 모든 진지함을 표현하는 것으로 더 큰 무게를 가질 것이다'라는 생각이다.

그러나 미국은 베트남의 자유와 평화를 되찾으려는 불교인들의 행동 동기를 이해하지 못했다. 미국은 불교인들이 정치적 목표와 종교적 목적을 하나로 봤기 때문에 이들이 언제든 공산주의자와 연합할 수 있다고 생각했다. 사실 불교계는 남이나 북, 또는 공산주의나 자본주의 어느 쪽도 지지하지 않았다. 불교계는 힘없는 사람들의 고통을 알려 주자는

데 있었다.

8. 세계에 알려진 베트남의 참혹한 실상

지엠 대통령의 친동생이자 비밀경찰 총수인 응오 딘 누의 부인 '마담 누'는 온갖 사치를 누리면서 정계에 막강한 영향력까지 휘둘러 국민들의 원성을 사고 있었다. 그런 '마담 누'가 승려들의 분신을 보고, "중 바비큐라니, 재미있네. 하지만 그 중은 모순이야, 반미라면서 미제 가솔린을 사용했잖아.", "그래 봐야 눈 하나 깜짝하지 않을 바비큐들"이라는 독설을 외신기자들에게 퍼부었다. 결정적인 악수였다. 이 망발이 전 세계 언론을 탔고, 이를 듣고 분노한 시민과 학생 데모대가 날마다 사이공 거리를 휩쓸었다.

베트남의 혼란은 전 세계에 충격을 주었고, 미국이 감춘 베트남의 참혹한 실상을 알리는 데 결정적인 역할을 했다. 미국이 그토록 꺼려 했지만, 이 사건으로 베트남 문제가 비로소 유엔에 상정됐다.

케네디 정권도 신경을 곤두세웠다. 쿠바 미사일 위기가 일어난 지 1년도 채 안 되었고, 앨라배마주에서는 흑인 데모가 막 일어났다.

그런 시기에 분신을 계기로 남베트남이 펄펄 끓는 기름 솥이 되었다. 미국은 지엠 정권을 밀어 주는 게 헛일임을 비로소 깨달았다.

미국은 결국 지엠 정권을 단념하고 베트남에 직접 개입하기로 했다.

1963년 11월 1일 CIA가 면밀하게 배후 조종한 군부 쿠데타를 일으켰다. 지엠은 대통령 궁에서 도망쳐 중국인 거주 지구에 숨어 있다가 들켜 자기 경호원에게 살해당했다. 다음 날 지엠은 피투성이 사체로 승용차 트렁크에 처박혀 있었다. 동생 누도 살해당했다.

20일 뒤인 11월 22일, 케네디 대통령도 댈러스에서 총격을 당해 죽었다. 베트남전쟁 개입에 결정적인 역할을 한 케네디도 11월 22일 겨우 1,000일의 임기만 채운 채 암살당했다.

그러나 '마담 누'는 금은보화를 이고 지고 사이공을 탈출하여, 파리에서 숨어 살다 수를 다하고 죽었다.

9. 약자를 사랑한 이유로, 강자에게 죽음을 선물로 받았다

베트남 스님의 자기희생 메시지는 양심적인 서구인에게 자신들의 교회사를 되돌아보게 만들었다.

얀 후스(Jan Huss, 1370~1415)는 체코 신학자이자 종교 개혁가였다. 성서만을 유일한 권위로 인정했다. 왕족들의 사치를 혐오하고 고위 성직자들의 세속화를 강력하게 비판했다. 성직을 사고파는 로마 교황청에도 반기를 들었다.

이 순수한 민중 전도사는 '약자를 사랑한 이유로, 강자에게 죽음을 선물로 받았다'.

1414년 콘스탄츠 공의회에 불려가서 이단적인 발언을 취소할 것을 요구받았으나 거절하자 화형을 당하였다. 얀 후스는 사자후를 외치듯 유언을 남겼다.

"오늘 당신들은 볼품없는 거위를 태우지만, 100년의 시간이 흐른 뒤에는 당신들이 영원히 태워 없앨 수 없는 백조의 노랫소리를 듣게 될 것이오!"

이 유언은 곧 예언이었다. 100년이 흐른 뒤 마틴 루터(Martin Luther, 1483~1546)가 나타나 1517년 로마 교황청이 면죄부를 마구 파는 데 격분하여 항의서 95개조를 발표했다. 이 사건은 교회사에서 가장 중요한 종교개혁의 불을 댕겼다.

브루노(Giordano Bruno, 1548~1600)는 이탈리아의 철학자이자 수도사였다. 정통 신앙에 만족하지 못하고 수도원에서 나와 유럽 여러 나라 대학에서 다양한 학식을 쌓았다. 브루노는 코페르니쿠스 지동설을 지지했다. 이 때문에 이단으로 몰리자 칼뱅주의가 지배하던 스위스로 도망갔다. 그곳에서 만난 칼뱅주의 역시 가톨릭 못지않은 교조주의에 빠져 있는 것을 보았다.

자신만이 옳고 결코 자신의 편견을 고치지 않는 자들을 브루노는 참지 못했다. 신앙에 따라야만 구원받을 수 있다는 칼뱅주의에 반대하여 인간 모든 활동은 존엄하다고 주장했다. 브루노는 신교와 구교 모두에게 이단으로 몰려서 가는 곳마다 추방당했다.

브루노는 결국 로마 종교재판소에 끌려가 로마 교황청 소속 감옥에서 7년을 보냈다. 신념을 포기하라는 강압에 몹시 시달렸지만 오히려 그들에게 자기 신념이 그르지 않음을 이해시키려 했다.

같은 지동설을 믿었지만 과학자 갈릴레오는 종교재판에서 신념을 철회했고, 신학자 브루노는 신념을 꺾지 않았다. 교황은 회개할 줄 모르는 고집 센 이단자에게 화형을 명령했다. 브루노는 죽음의 협박에 굴복하지 않았다.

"선고를 받은 나보다 선고를 내리는 당신들이 더 두려울 것이오"라는 말을 남기고 입에 재갈을 물린 채 불에 타 죽었다.

세월이 흘러 1889년에 유럽 지식인들이 권력이나 폭력에 굴하지 않고 신념을 지키며 순교한 브루노 동상을, 브루노가 화형당한 로마시 캄포 데 피오리 광장에 세웠다. 브루노 동상에 다음 의미를 담은 글귀를 새겼다.

"브루노에게
그대가 불탐으로써 그 시대가 성스러웠다."

서구인들이 꽝득 스님에게 감동한 것은 서구 역사에서 얀 후스나 브루노 같은 양심 신학자를 장작더미 위에 올려놓고 통닭구이를 만든 경험은 있어도, 자신들 역사에서 신념으로 스스로 몸을 불태우는 인물을 본 적이 없었기 때문이다.

열사가 불탐으로써
우리 시대가 성스러웠다

우리에게 분신의 가장 강렬한 기억은 1970년 11월 13일 노동자 전태일의 분신이다. 열사의 마지막 유언은 "우리는 기계가 아니다! 근로기준법을 준수하라! 내 죽음을 헛되이 하지 마라!"였다.

'우리는 기계가 아니다'라는 외침은 자본주의 노동 착취에서 벗어나려는 각성이었다. 인간을 생산도구인 기계로 취급하는 근로기준법 무시는 치명적인 사회질서라고 전태일은 확신했다. 이로써 한국 노동운동사에 새로운 이정표를 세운 획기적인 전기를 마련했다. 어린 여성 노동자가 겪고 있는 남한 자본주의의 참혹한 현실을 예리하고 심오한 직관으로 구체적으로 밝혔기 때문이다.

전태일은 어린 여성 노동자들의 고통스러운 현실을 단순히 동정하는 시선으로 바라본 게 아니었다. 사회적 약자들이 한갓 기계 취급을 당하며 빼앗긴 인간 존엄을 되찾을 수 있게 우리 사회가 법을 지키라고 준엄하게 꾸짖었다.

전태일의 진정한 위엄은 노동해방을 넘어 인간해방을 간절히 바란 점에 있다. 이는 모든 가난하고 힘없는 인간을 향한 숭고한 연민이었다. 우리가 전태일을 "투쟁과 단결"이란 틀에만 가두면 전태일의 정신을 협소하게 하거나 그 정신에 내재하는 풍부한 자산들마저 도외시하기 마련이다.

전태일 분신의 큰 뜻은 7년 전 베트남 쾅득 스님 분신과 아주 비슷했다. 비슷한 시기에 한 사람은 제국주의 침략에 신음하는 민중, 다른 사람은 자본주의 착취에 신음하는 민중, 이런 민중의 처지를 바라보면서 두 사람은 같은 고민을 했다. 압제자와 착취자의 마음에 경종을 울리기 위해서 말이다.

전태일은 어떻게 베트남 스님과 사유의 과정이 비슷했을까?

왜 이 두 사람은 죽음의 방법에 대해 같은 결론에 이르렀을까?

이는 동시대 이웃의 아픔을 따뜻하게 보듬으면서 고통받는 민중과 더불어 구원을 얻는 삶을 원했기 때문이었을까?

신념을 굽히지 않고 자기 몸을 던져 후세에 큰 뜻을 길이 남긴 살신성인, 그 원조는 승조(僧肇, 384~414)라는 중국 진(晉)나라 승려다. 승조는 공사상(空思想)을 크게 떨쳐 중국 선종(禪宗)에 막대한 영향을 끼친 중국 불교계 최대 천재로 꼽힌다. 승조는 자신의 총명을 탐낸 왕이 환속하여 재상을 맡아 달라고 간곡히 요청했음에도 종교 신념으로 끝까지 거절했다. 영민한 승조가 혹시 다른 나라로 갈까 봐 두려워한 왕의 노여움으로 참수형을 당하는데, 멋진 시 한 수를 남기고 31살 나이로 봄바람처럼 홀연히 사라졌다.

사대원무주(四大元無主)

오음본래공(五陰本來空)

장두임백인(將頭臨白刃)

유사참춘풍(猶似斬春風)

세상은 원래 주인이 없고

몸은 본래 빈 것이다.

머리를 흰 칼날에 갖다 대어도

이는 봄바람을 베는 것과 같을 뿐이다.

* 사대=地, 水, 火, 風: 모든 물질을 조성하는 사대 원소.
* 오음=色: 육체, 受: 느낌, 想: 생각, 行: 의지, 識: 의식, 즉 우리 몸.

몸은 본래 빈(空) 것이므로 칼날이 내 목을 스쳐도 그것은 바람이 스치는 것과 같다, 생사를 달관한 이 멋진 시구의 의미를 교토대학(京都大學) 가지야마 유이치(梶山雄一) 교수는 이렇게 평했다.

"중관(中觀) 사상가들의 생애는 그들의 철학과 명상이 보여 주고 있는 절대 정숙과는 매우 다른 광란에 넘친 생애였다. 중관 사상의 변증은 그것이 전해 주고 있는 공의 세계가 청명한데도 불구하고 논리는 불꽃과 같이 치열했다. 이 세계를 꿈과 환상으로 본 중관 사상가들이 현실에서 본 것은 산림 속의 한적한 생활이 아니었으며, 추악한 인간세의 악몽이었다. 이러한 경향은 결코 중관 사상의 본질과 무관하다고 말할 수 없다. 악몽의 아픔을 모르는 인간이 어떻게 이 세계를 꿈과 환영으로 보는 것이 가능한가?"

민중의 추악한 악몽을 온몸으로 불사른,

베트남 꽝득 스님!

"스님이 불탐으로써 그 시대가 성스러웠다."
고통에 시달리는 어린 여성 노동자를 위해 살신성인 정신을 계승한
우리 노동자 청년 전태일!
"열사가 불탐으로써 우리 시대가 성스러웠다."

유사참춘풍,
내 목에 칼이 스쳐도 그것은 봄바람이 스치는 것일 뿐!

V. 유서 세 편

〈첫 번째 유서, 1969년 11월〉

친구여, 나를 아는 모든 나여. 부탁이 있네. 나를, 지금 이 순간의 나를,
영원히 기억해 주기 바라네. 그러면 뇌성 번개가 천지를 무너뜨려도 하늘이
바닥이 빠져도 나는 두렵지 않을 걸세. 그 순간 무엇이 두려워야 된단 말인가?
두려워서야 될 말인가? 도리어 평온해야 될 걸세. 조금이라도 두려움을 가진다면
나는 나를 버릴 걸세.

완전한 형태의 안정을 구하네. 순간, 그 순간만이 중요한 거야. 그 순간이 지나면
그 후론 거짓이 존재하지 않네. 그 후론 아주 안전한 완성된 白일세. 그 순간은
향기를 발하는 백합의 오후였다고 이야기를 나누게. 그리고 내 자리는 항상
마련하여 주게. 부탁일세. 테이블 중간이면 더욱 만족하겠네. 그럼 이만 작별을
고하네. 안녕하게. 아. 너는 나의 나다. 친구여 만족하네. 안녕.

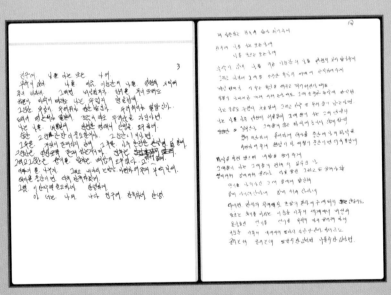

전태일의 자필 유서, 첫 번째와 두 번째 것.

〈두 번째 유서, 1970년 4월〉

사랑하는 친우여, 받아 읽어 주게.
친구여 나를 아는 모든 나여.
나를 모르는 모든 나여.
부탁이 있네. 나를, 지금 이 순간의 나를 영원히 잊지 말아 주게.
그리고 바라네. 그대들 소중한 추억의 서재에 간직하여 주게.
뇌성 번개가 이 작은 육신을 태우고 꺾어 버린다고 해도,
하늘이 나에게만 꺼져 내려온다 해도,
그대 소중한 추억이 간직된 나는 조금도 두렵지 않을 걸세.
그리고 또 두려움이 남는다면 나는 나를 영원히 버릴 걸세.
그대들이 아는, 그대 영역의 일부인 나
그대들의 앉은 좌석에 보이지 않게 참석했네.
미안하네. 용서하게. 테이블 중간에 나의 좌석을 마련하여 주게.
원섭이와 재철이 중간이면 좋겠네.
그대들이 아는, 그대들의 전태일의 일부인 나.
힘에 겨워 힘에 겨워 굴리다 다 못 굴린, 그리고 또 굴려야 할 덩이를 나의 나인
그대들에게 맡긴 채.
잠시 다니러 간다네. 잠시 쉬러 간다네.
어쩌면 반지의 무게와 총칼의 질타에 구애되지 않을지도 모르는, 않기를 바라는,
이 순간 이후의 세계에서
내 생애 다 못 굴린 덩이를, 덩이를 목적지까지 굴리려 하네.

이 순간 이후의 세계에서 또다시 추방당한다 하더라도, 굴리는 데, 굴리는 데
도울 수만 있다면,
이룰 수만 있다면….

〈세 번째 유서, 1970년 8월 9일〉

이 결단을 두고 얼마나 오랜 시간을 망설이고 괴로워했던가?
지금 이 시각 완전에 가까운 결단을 내렸다.
나는 돌아가야 한다.
꼭 돌아가야 한다.
불쌍한 내 형제의 곁으로, 내 마음의 고향으로, 내 이상의 전부인 평화시장의
어린 동심 곁으로. 생(生)을 두고 맹세한 내가, 그 많은 시간과 공상 속에서, 내가
돌보지 않으면 아니 될 나약한 생명체들.
나를 버리고, 나를 죽이고 가마. 조금만 참고 견디어라. 너희들의 곁을 떠나지
않기 위하여 나약한 나를 다 바치마. 너희들은 내 마음의 고향이로다.
(……)
오늘은 토요일. 8월 둘째 토요일. 내 마음의 결단을 내린 이날,
무고한 생명체들이 시들고 있는 이때에 한 방울의 이슬이 되기 위하여
발버둥 치오니 하나님, 궁휼과 자비를 베풀어 주시옵소서.
1970. 8. 9.

나는 우리가 전태일 유서 세 편 글을 읽지 않고서는 전태일을 만날 수 없다고
생각한다. 반드시 정성을 다해 읽어야 온전한 전태일을 만날 수 있다.
전태일은 22년이란 짧은 삶을 살았지만 생각에 힘이 깊었고, 생각한 대상이
비록 다양하지 못했지만 생각 주제만큼은 크고 깊고 치밀했다. 이 짧은 유서에
전태일은 자신의 모든 정신을 압축해 놓았다 해도 틀린 말이 아니다.
전태일은 자신의 본성에 충실히 따른 삶을 성실히 정리하여 유서들을 남겼다.
유서 글은 자신의 삶과 완벽하게 일치했으며 그런 만큼 감동적이면서 숭고하다.
대장경은 붓다의 말씀(경장), 불교를 수행하기 위해 필요한 교단의 규칙(율장),
말씀과 규칙을 체계적으로 연구하여 해석한 논술(논장), 이 3장을 1천여 년 편찬해
모은 불교 경전을 말한다. 약 5,200만 글자로 8만 1,258개에 달하는 경판에 담아
놓은 우리 해인사 팔만대장경이 세계에서 가장 방대한 불교 대장경전이라 한다.
반야심경은 방대한 대장경의 약 5,200만 개 글자를 압축하고 또 압축해서 단
270자로 만든 불교사상의 핵심 경전이다.
누군가 방대한 팔만대장경을 한마디로만 줄인다면 '착하게 살자'가 된다고 했다.
윤리가 요구하는 삶에서, 종교가 요구하는 삶에서, '착하게 살자'란 마음 다짐과
실천보다 더 아름답고 더 값어치 있는 인간 행위는 무엇일까?

전태일처럼
착하게 살자!

전태일의 짧은 유서를 반야심경에 비유하면 어떨까?

반야심경이 세상의 모든 진리를 압축한 것처럼, 전태일 유서는 세상의 모든 아름다움과 숭고함을 압축한 것이 아닐까?

전태일의 삶을 한마디로 요약하면 참으로 착했다.

우리가 그런 전태일을 만나려고 한다면 우리의 다짐과 실천은 어떠해야 할까?

"전태일처럼 착하게 살자!"

전태일은 나보다 '우리'를 찾았다. 너는 남이 아니라 '우리'다. 너가 '우리'일 때 나는 나에게만 집착할 수 없다. '우리'일 때 나는 너이고 너는 나이다. 나는 나이고 너는 너일 때 '우리'라 말할 수 없다. 너와 나를 분리하지 않을 때 나는 너의 고통에 깊은 연민을 느낀다.

부모가 자식이 아플 때, 연인이 연인의 고통을 알았을 때 "아프냐? 나도 아프다!"라고 우리말은 멋지게 표현한다. 우리일 때 나는 너의 아픔을 함께 느낀다.

연민이 있다면 '우리' 안에 있는 너를 인격적으로 만난다. 그렇게 만나기 때문에 '우리'인 너를 나는 착취할 수 없다.

전태일은 양육강식 자본주의 이기주의 시대에 나만을 찾지 않고 '우리 함께'라는 공동체 삶을 구현하려고 노력했고 실천했다.

인간 사회에서 가장 기초적인 만남은 가족이다. 몹쓸 사람이 아니라면 우리는 가족을 이기적이 아니라 인격적으로 만난다. 부모는 자식을 위해, 자식은 부모를 위해, 배우자는 서로를 위해 희생을 마다하지 않는다. 아픔을 외면할 수 없는 인간관계이기 때문이다.

전태일은 1969년 12월 31일 일기에서 이렇게 자기 마음을 적었다.

"어떤 인간적 문제이든 외면할 수 없는 것이 인간이 가져야 할 인간
적인 과제이다."

전태일은 어린 여성 노동자의 아픔을 남 일 보듯 한 게 아니라 내 아픔으로 느꼈다. 어린 여성 노동자를 동생처럼 가족으로 끌어안았다.

전태일의 위대함은 '우리'라는 개념을 최대한 넓혔다. '우리'라는 개념이 없었다면 전태일은 어린 여성 노동자에게 우월적 지위를 누렸을 것이다. 밑바닥 시다인 어린 여성 노동자 한 달 월급이 1,500원이었다면 전태일은 재능 있는 재단사로서 월급이 어린 여성 노동자의 20배에 가까운 3만 원을 받을 수도 있었다.

장남으로서 가장 노릇을 한 전태일은 모셔야 할 어머니와 학교를 다니는 어린 동생이 셋이나 있었다. 전태일이 우리라는 개념을 가족에만 한정 지었다면 어린 여성 노동자를 향한 연민을 품을 여유가 없었으리라.

어린 여성 노동자들이 하루 14~16시간 일한 일당은 업주 커피 한 잔 값에 불과했으며, 업주들이 먹는 점심 값 반도 되지 않았다. 노동 혹사에다가 임금 착취를 당하는 어린 여성 노동자에 비해 20배 가까운 월급을 받았다고 하지만 아버지 없는 가장으로서 가족 5명을 돌보기 위한 최소 생활비를 책임지기에는 턱없이 부족했다.

전태일은 수기에서 이렇게 적었다.

"나는 언제부터인지 모르지만 감정에는 약한 편입니다. 조금만 불쌍한 사람을 보아도 마음이 언짢아 그날 기분은 우울한 편입니다. 내 자신이 너무 그러한 환경들을 속속들이 알고 있기 때문인 것 같습니다."

이렇듯 전태일은 약하고 가난한 사람의 아픔에 귀를 기울였다. 그들의 아픔을 동정심으로 바라만 보지 않았다는 말이다.

여기에 대해 전남대 철학과 김상봉 교수의 깊이 있는 철학 견해를 들어 보자.

타인과 인격적으로 만나는 주체야만 '서로주체'다. 그런데 어떤 것이 인격적인 만남인가? 그건 바로 "보는 것이 아니라 듣는 것"이다. 무슨 뜻인가? 서양 인식론에서 앎이란 보는 것이다. 그런데 볼 때 나는 주체가 되고 보이는 대상은 객체가 된다. 봄으로써 객체는 사물화되고 나는 우월한 위치에 놓이게 된다. 가령 판옵티콘(죄수를 효과적으로 감시할 목적으로 고안 한 원형 감옥)의 작동원리를 생각해 보면 이해하기 편하다. 감시가 그렇듯 시선은 권력이다. 뿐만 아니라 보는 나는 보이는 자의 표면밖에 알지 못한다. 사물로서 드러나는 외면을 아는 것이 봄의 한계다. 이런 층위에서는 인격적인 만남이 불가능하다.

반면 들을 때 우리는 말하는 자와 듣는 자 모두 주체인 동시에 객체가 된다. 누군가가 말해 주지 않으면 우리는 들을 수 없다. 그런 의미에서 말하는 자는 주체고 듣는 자는 객체다. 하지만 동시에 누군가가 들어주지 않으면 말은 허공으로 흩어질 따름이다. 말이 의미를 가지려면 듣는 자가 말을 자기 속에서 주체적으로 해석해야 한다. 그때 비로소 말을 들을 뿐만 아니라, 알아들을 수 있고 만남의 장이 열린다. 이때는 말하는 자가 객체가 되고 내가 주체가 된다. 그러므로 봄이 아니라 들음으로 우리는 서로 객체이면서 주체인 관계, 즉 '서로주체'가 된다.

나는 이 견해를 이렇게 이해했다. 가난한 사람의 고통을 떨어져서 보는 게 아니라, 가까이서 그들 고통을 들음으로써 고통을 함께 나눌 수 있다.

전태일 영혼의 벗,
조영래

전태일 영혼의 벗 조영래를 보자. 조영래는 유신 시절 민청학련 사건 관련자로 수배되어 1974년부터 1979년까지 6년간 쫓기는 생활을 했다.

위인은 시간을 헛되이 쓰지 않는다고 한다. 조영래는 도피 생활을 하면서 전태일의 영혼이 깃든 청계천에 찾아갔다. 이소선 어머니를 만나고 당시 전태일과 함께했던 청계천 노동자와 노동 현실을 알기 위해 청계천 일대를 누볐다. 조영래가 본 것은 인간 이하 대우를 받는 가난한 노동자들의 삶이었다. 많은 노동자를 만나며 지식을 전해 주기도 했지만, 오히려 노동자들에게서 삶은 귀중하다는 것을 깨달았다.

다시 말해 최고 학력 사법시험 합격자 조영래는 청계천 밑바닥에서 생활하는 노동자의 목소리를 들었다. 듣는 자세였기 때문에 우리 현대사에서 너무나 고귀한 책 『어느 청년 노동자의 삶과 죽음: 전태일 평전』을 쓸 수 있었다.

전태일은 어린 여성 노동자인 너를 우리 가족으로, 너를 우리 사회의 '우리'로 넓혔다. 사회가 가족이고 나였다. 가족의 아픔이 내 아픔이듯이 사회의 아픔 또한 내 아픔이었다. '나' 안에 이웃이 있고 사회가 있었다. 이웃과 사회는 나와 분리될 수 없었다.

전태일은 너무나 짧은 생과 비천한 환경 때문에 '나'가 민족으로까지 확대하지는 못했다. 민족의 아픔이 곧 내 아픔이라는 것을 우리 사회가 익숙해지기까지는 문익환 목사의 등장을 기다려야 했다. 물론 그 이전에 수많은 통일애국지사가 계셨지만 언론에 민족 이슈를 공개적으로 거침없이 계속 던진 분으로서 말이다.

짧은 삶, 그 삶의 한계 때문에 전태일 정신은 더 넓은 세상으로 뻗어나가지 못했지만, 그 정신에는 인류애라는 씨앗이 담겨 있었다. 어린 '여성' 노동자의 고통을 해소하려 한 전태일을 고귀하면서 진정한 페미니스트 선구자라 칭송해야 마땅하리라.

22살이었던 1970년 초에 쓴 소설 작품 초고에서 이렇게 말했다.

나이가 어리고 배운 것은 없지만 그들도 사람, 즉 인간입니다. 태어날 때부터 생각할 줄 알고, 좋은 것을 보면 좋아할 줄 알고, 즐거운 것을 보면 웃을 줄 아는 하나님의 만드신 만물의 영장, 즉 인간입니다. 다 같은 인간인데 어찌하여 빈한 자는 부한 자의 노예가 되어야 합니까. 왜 빈한 자는 하나님께서 택하신 안식일을 지킬 권리가 없습니까?

종교는 만인이 다 평등합니다.

법률도 만인이 다 평등합니다.

왜 가장 청순하고 때 묻지 않은 어린 소녀들이 때 묻고 부한 자의 거름이 되어야 합니까? 사회의 현실입니까? 빈부의 법칙입니까?

인간의 생명은 고귀한 것입니다. 부한 자의 생명처럼 약자의 생명도
고귀합니다.

호세 마르티와
카스트로

"게으르지도 않고 성질이 고약하지도 않은 사람이 가난하게 살고 있다면 그곳에는 불의가 있다."

사회 불의를 규정하는 데 나는 이보다 더 적확한 표현을 아직 찾지 못했다. 혁명을 해야 하는 이유 또는 사회를 개혁해야 하는 이유를 이보다 더 절실하게 호소하는 표현을 나는 아직 찾지 못했다.

이는 쿠바 혁명의 성자이자 쿠바 인민이 국부로 추앙하는 호세 마르티(José Julián Marti y Pérez, 1853~1895)의 말씀이다.

1869년 쿠바 수도 아바나에서 한 젊은이가 군인에게 부당하게 살해당하자 폭동이 일어났다. 호세 마르티는 '자기 나라를 위하여 용감히 싸우다가 죽는다는 것은 얼마나 달콤한가?'라는 시를 썼다. 이때 호세 마르티는 고작 16살이었다. 전태일이 청계천 평화시장에서 어린 여성 노동자 참상을 처음 보고 괴로워했던 그 나이였다.

쿠바 하면 흔히 카스트로나 체 게바라를 연상하기 쉬운데, 막상 쿠바에 가면 녹두장군 전봉준(1855~1895)과 거의 같은 시기에 활약한 호세 마

위: 쿠바 제2도시 산티아고 데 쿠바의 '산타 이피헤니아 묘지'. 카스트로 자신의 무덤은 달랑 바위
하나지만 선배 호세 마르티의 무덤 조형물은 웅장하다.

아래: '산타 이피헤니아 묘지' 담장에 '조국은 인류다'란 표어를 달아 놓았다.

르티에 관한 기억과 흔적이 가장 많이 남아 있다. 쿠바 인민들도 쿠바 혁명의 완성자였으며 현세의 권력자였던 카스트로나 혁명의 풍운아 체 게바라보다 훨씬 더 존경을 하고 있다.

우리나라로 치면 수운 최제우 이론과 녹두장군 전봉준의 실천을 한 몸에 지닌 인물이라 해도 그리 지나친 말이 아니다. 쿠바 호찌민이란 비유가 적절할 것 같다.

카스트로는 1959년 혁명 성공 후 2016년 사망까지 57년간 최고 권력 자리에 있었으나 자신에게 향하는 어떤 우상도 금지했다. 그래서 쿠바 에는 카스트로 동상이나 조형물이 하나도 없다.

쿠바에서 중요한 혁명 도시 산타클라라 전체를 혁명 시절 자신의 부하이자 동료였던 체 게바라 도시로 꾸몄다. 거대한 동상과 기념관 그리고 드넓은 혁명 광장을 조성했다.

쿠바는 광장의 나라라 할 만큼 광장이 많다. 전국 지역 곳곳 광장마다 식민지 시절 독립 투쟁이나 혁명 과정에서 중요한 역할을 한 많은 인물 조형상이 널려 있다. 나아가 지역 주요 시설, 공항이나 광장, 이름을 독립투사나 혁명전사 이름으로 부른다.

특히, 카스트로는 쿠바 전역 거의 모든 중요한 광장에 호세 마르티 조형물을 세웠다. 쿠바의 관문인 아바나에 있는 공항 이름이 '호세 마르티 국제공항'이다.

깨어 있는 시민이 대구 시장이 된다면, 대구 공항 이름을 '전태일 국제 공항'으로 바꾸리라.

쿠바 제2의 도시 산티아고 데 쿠바에 '산타 이피헤니아 묘지(Santa Ifigenia Cemetery)'가 있다. 많은 독립 혁명 지사들이 묻혀 있다. 특히 호세 마르티의 웅장한 조형물과 그 속에 무덤이 있다. 쿠바에서 카스트로의 유일한 흔적도 여기에 있다. 카스트로는 그토록 존경하는 호세 마르티 곁에 잠들고 싶어 여기에 묘지를 만들었다. 하지만 정작 묘지란 것이 그저 바윗덩이 하나만 달랑 세워, 바위에 홈을 파서 화장한 자그마한 유골함을 넣어 놓고, 유골함 홈을 가린 녹색 동판에는 카스트로 이름인 'FIDEL' 다섯 자만 있을 뿐이다. 바윗돌에는 새겨 놓은 글이 전혀 없다. 죽음 뒤에 더는 아무것도 바라지 않은 최고 권력자였다.

나는 쿠바를 답사하는 동안에 자신에게는 소박하게 하면서도, 선배와 동료 후배에게는 최대한 예의를 표한 카스트로의 처세가 참 돋보였다.

묘지를 둘러보고 나오는데 묘지 담장에 큰 간판이 보였다. 무엇인가 중요한 표어인 것 같아 일단 사진을 찍었다.

PATRIA ES HUMANIDAD

나중에 이 스페인어 뜻을 가이드에게 물으니 이렇다. PATRIA=조국, ES=…이다, HUMANIDAD=인류.

'조국이 인류'인지, '인류가 조국'인지 그렇다 치고, 이런 표어를 내걸 수 있다는 게 쿠바 혁명의 품격을 말해 주는 증거라고 생각하니 쿠바 혁명 정신이 엄청 부러웠다. 이 표어는 호세 마르티 말씀이라 했다.

"나는 세상의 가난한 이들에게 내 운명을 걸고 싶다."

이는 호세 마르티가 쓴 유명한 시 「소박한 시」에 나오는 구절이다.

가난한 사람과 운명을 함께한 사람이 우리에게 있지 않은가. 바로 전태일 열사가 남긴 세 번째 유서에 있는 이 구절처럼 말이다.

"나는 돌아가야 한다.

꼭 돌아가야 한다.

불쌍한 내 형제의 곁으로, 내 마음의 고향으로."

"너는
나의 나다"

경기도 남양주시에 '모란공원묘지'가 있다. 여기에는 전태일 열사뿐만 아니라 조영래 변호사, 이소선 어머님, 문익환 목사님 등 수많은 민주지사 묘가 있다. 산타 이피헤니아 묘지와 같은 엄숙한 공간이다.

모란공원묘지는 우리 민주화 운동을 상징하는 성역이다. 남한 땅에서 5·18 묘역과 함께 가장 웅혼한 혼을 담고 있다.

나는 2018년 쿠바에 다녀온 후 모란공원묘지에는 어떤 정신을 담은 표어가 좋을까 죽 생각해 봤다. 전태일 열사 묘 앞 흉상에는 언제나 '단결, 투쟁'이란 머리띠를 두르고 있다. 이를 넘어 전태일의 인류애적인 정신 크기를 나타내는 표어로는 무엇이 적합할까?

전태일 열사의 유서 가운데 "너는 나의 나다"라는 구절에서 절절한 이웃 사랑을 느꼈고 나아가 웅혼한 인류애가 담겨 있다고 나는 생각한다.

"너는 나의 나다."

너무 추상적인가? 순 내 생각이다.

VI. 유언,
살아 있는 신화

근로기준법을 준수하라!

우리는 기계가 아니다!

일요일은 쉬게 하라!

노동자들을 혹사하지 말라!

1970년 11월 13일 오후 1시 30분, 온몸에 불이 붙은 청년이

『근로기준법』 책 한 권을 들고 청계천 평화시장 앞 인도를 뛰어가면서

이렇게 외쳤다. 그러다가 곧 쓰러졌다.

너무나 뜻밖 일이라 아무도 급히 손을 쓰지 못했다.

그렇게 약 3분이 흘렀고 정신이 퍼뜩 든 주위 한 사람이 잠바를 벗어 불을 잡고

평화시장 경비원이 달려와 소화기로 불을 껐다.

겉옷은 거의 다 탔고, 온몸은 화상을 입었다. 눈꺼풀은 뒤집히고 입술은 퉁퉁

부르텄다. 사람 몸은 숯덩이가 된 나무토막과 다를 바 없었다.

전태일의 '어린 여성 노동자를 위한 연민'은 20세기 인류의 양심이라 일컫는
대석학 버트런드 러셀과 노암 촘스키의 '인류 고통을 위한 연민'이라는 인류애와
한 치도 다름없다.

"내 죽음을
헛되이 하지 말라!"

쓰러져 있던 중 몇 마디 더 말을 했지만, 평화시장 거리에서 겨우 알아들을 수 있는 마지막 작은 외침은 "내 죽음을 헛되이 하지 말라!"였다.

청년은 병원으로 옮겨졌고 친구 김영문이 쌍문동 집으로 가서 어머니에게 소식을 전했다. 어머니가 병원으로 왔다. 어머니는 숯덩이 몸으로 죽어 가는 아들의 딱딱한 가슴에 손을 얹고 기도를 했다.

"… 이 가엾은 목숨도 당신 뜻대로 하소서."

병원에 와서 다소 정신 차린 청년은 어머니께 겨우 말을 하였다.

"… 어머니 저를 원망하십니까?"

"… 어찌 원망하겠니!"

"어머니, 제가 못다 이룬 일 어머니가 꼭 이루어 주십시오."

어머니의 진심을 확인한 아들은 친구를 불러 달라고 했다.

"… 자네들, … 우리 어머니께 날 대신해서 효도해 주게. … 내 말을 분명히 듣고 잊지 말게.

내 죽음을 헛되이 하지 말라!"

이후 혼수상태에 빠지고 나서 밤 10시 30분쯤 이 세상에서 마지막 말을 힘없이 하고 나서 숨이 끊겼다.

"배가 고프다…"

숯덩이가 된 젊은이 전태일은 절망에 가까운 밑바닥 삶을 살면서도 따뜻하고 맑고 단호한 마음을 죽음의 순간까지 간직했다. 정규 교육을 거의 받지 못했지만 무언가 고뇌 깊은 큰 깨달음이 그 짧은 삶을 지배했다.

전태일은 많은 글을 남겼다. 그 모든 글이 간직한 깊고 큰 깨달음은 '연민'이었다. 글 속 구석구석에 자리 잡은 힘없는 사람, 가난한 사람, 불쌍한 사람의 고통에 참을 수 없는 연민을 나타낸 그 진정성이 신비롭기까지 했다.

인류의 고통에 대한
연민

20세기를 대표하는 다방면의 석학이자 인류의 양심이었던 버트런드 러셀(Bertrand Russell, 1872~ 1970)은 자신의 회고록 서문 첫 문장에 이렇게 썼다.

"단순하지만 누를 길 없이 강렬한 세 가지 열정이 내 인생을 지배했다. 사랑하고자 하는 갈망, 지식을 얻기 위한 탐구욕, 인류의 고통을 위한 연민이었다(Three passions, simple but overwhelmingly strong, have governed my life: the longing for love, the search for knowledge and unbearable pity for the suffering of mankind)."

사랑, 지식, 연민 가운데 러셀에게 인류가 '위대한' 존경을 헌사하도록 한 러셀의 행위는 연민(pity)이었다. 삶의 목표가 사랑과 지식 탐구를 넘어 "인류의 고통을 위한 연민"에 이르면 숙연해진다. "네가 아프냐? 그럼 나도 아프다"라는 연민은 위대한 종교 가르침인 사랑, 어짊, 자비와 다름없다.

언어학자로서 대석학이자 인류 양심이라 불리는 촘스키(Noam Chomsky, 1928~) 교수는 매사추세츠공과대학교 자신의 연구실에 러셀 초상화를 걸고 그 아래 이 말을 붙여 놓았다고 한다. 촘스키의 좌우명은 바로 러셀의 세 가지 열정이었다.

전태일은 수기에 자기감정을 이렇게 표현했다.

"나는 언제부터인지 모르지만 감정에는 약한 편입니다. 조금만 불쌍한 사람을 보아도 마음이 언짢아 그날 기분은 우울한 편입니다. 내 자신이 너무 그러한 환경들을 속속들이 알고 있기 때문인 것 같습니다."

노동자 전태일의 어린 여성 노동자를 향한 연민은 완숙한 대석학 러셀과 촘스키가 실천한 인류 고통을 위한 연민과 하등 다를 바가 없었다. 이 숭고한 감정은 착한 인간의 마음속에 잠재해 있는 타인을 향한 사랑이라 할 수 있다. 다시 말해 전태일이 보인 연민도 본질과 핵심을 파고들어 확대하면 인류애였다. 젊은이는 이런 큰 깨달음에 어떻게 이르렀을까?

러셀은 넓고 깊은 지성을 바탕으로 한 윤리적인 확신을 지니고 반전 평화 인권 운동에 평생 적극 참여했다. 당시 영국 빅토리아 여왕조차 여성 참정권에 단호하게 반대할 때, 가장 강력하게 여성해방을 옹호하다가 곤욕을 치르기도 했다.

지구에서 벌어지는 악이라고 생각한 모든 것에 맞서 싸웠다. 베트남 전쟁 반전운동에도 깊숙이 참여했다.

러셀은 윤리에서 순수하게 합리적인 것보다 감정적인 것을 중요시했다. 윤리의 바탕은 '감각과 감정'이라고 보았기 때문이다.

러셀은 인간 공동생활이라는 현실적인 문제에 접근했다. 윤리를 바탕으로 무장한 정치적 참여는 직접적인 감정에 따랐다.

"고통이 외치는 메아리가 내 마음을 가득 채웠다. 굶주림으로 죽어가는 아이들, 억압자에게 고문받는 희생자들, 자식에게 증오스러운 부담이 된 가난한 노인, 버림받음, 가난, 고통의 세계 전체는, 인간 삶이 마땅히 그래야 할 모습에 대해 조롱에 가득 찬 일그러진 모습을 만든다."

이것이 사회의 현실입니까?
빈부의 법칙입니까?

전태일이 쓴 미완성 소설 작품 초고에는 이렇게 현실에 반문했다.

"다 같은 인간인데 어찌하여 빈(가난)한 자는 부한 자의 노예가 되어
야 합니까? 왜 가장 청순하고 때 묻지 않은 어린 소녀들이 때 묻고
부한 자의 거름이 되어야 합니까? 이것이 사회의 현실입니까? 빈부
의 법칙입니까?"

또 한 수기에는 현실에 이렇게 분노를 나타냈다.

"인간을 물질화하는 시대. 인간의 개성과 참 인간적인 본능의 충족
을 무시당하고 희망의 가지를 잘린 채 존재하기 위한 대가로 물
질적 가치로 전락한 인간상을 증오한다."

러셀은 풍족한 귀족 가문에서 태어나 인류 양심을 대표하는 거목으

로 자랐다. 영국 케임브리지 대학을 나왔다. 수학과 철학 분야의 세계적 대가였을 뿐만 아니라 문장력이 뛰어나 논리학, 사회학, 교육, 정치, 예술, 종교에 이르기까지 다양한 저작 활동을 했다. '인도주의적 이상과 사고의 자유를 옹호하는 다양하고 의미 있는 작품'을 쓴 공로로 1950년 노벨 문학상을 받았다.

러셀은 스스로 무정부주의자, 좌파, 회의적 무신론자로 자처하면서 학문의 바다에만 머물지 않고 정치 활동과 대중 계몽, 교육에 힘을 쏟았다. 1918년에 전쟁에 반대하는 글을 썼다가 6개월 감옥 생활을 했다. 이에 굴하지 않고 평생 반전운동, 핵무장 반대운동에서부터 쿠바 위기와 중국-인도 국경분쟁에도 적극 개입했다.

98세까지 장수를 누리면서 인류애를 향한 지칠 줄 모르는 열정을 과시했다. 미국 양심이라 불리는 대학자 노암 촘스키 교수는 이런 러셀을 정신의 스승으로 여겼다.

전태일은 최하층 노동자 아들로 태어나 삶이 끝날 때까지 잡초처럼 살았다. 돈이 없어 초등학교조차 다니는 둥 마는 둥 했다. 가정 형편이 아주 조금 나아지자 15살 늦은 나이에 중학교 1학년 과정을 대구에 있는 청옥고등공민학교에서 보냈다. 1년쯤 다니다가 집에서 일을 거들라는 아버지 강권으로 그만두어야 했다. 최종 학력을 굳이 따지자면 중학교 1학년이라 해야 할까. 러셀처럼 크고 깊은 지식과 논리로 세상을 바라보는 훈련을 쌓지 못했다. 지식을 얻고자 하는 탐구욕은 대단하여 독학으로 공부를 했으나 한계가 있었다. 자신의 학구열을 채워 줄 "대학생 친구 한 사람 있으면…" 하는 바람이 있었지만 결국 이루지 못했다. 어린 여성 노동자의 고통을 세상에 알리기 위해 몸서리치게 외쳤지만 누구 하나 귀 기울이지 않았다. 자기 몸을 던지지 않고선 그들의 고통을 세상에 알릴 길이 없다는 것을 깨닫자 22살 젊은 몸을 스스로 불살랐다.

1970년, 전태일보다 76년이나 빨리 태어난 러셀과 전태일이 이 세상을 떠난 해가 공교롭게도 같았다.

전태일이 평화시장에서 일했던 1960년대 중반부터 1970년까지는 세계적인 대격변기였다.

1964년부터 미국은 베트남에서 전쟁을 일으켜 인류 역사상 최악의 폭력을 베트남 인민에게 행사했다. 러셀은 1966년 여름 '베트남에서 전쟁 범죄에 관한 국제재판소'를 조직했다. 1967년에 프랑스 철학자 사르트르가 이 재판소의 집행위원장으로 참여했다. 이 재판소는 미국의 행위를 민간인에 대한 무차별 대량학살을 뜻하는 '제노사이드(genocide)'라는 범죄로 규정했다.

1968년 설날, 미국 침략에 한 발짝도 물러서지 않은 베트남 유격대는 미국 대사관을 잠시 점령했다. 전 세계인은 TV를 통해 누더기만 걸친 다윗이 완전 무장한 골리앗을 쓰러뜨리는 현장 장면을 생중계로 보았다.

전 세계 민중은 베트남이 할 수 있다면 우리도 할 수 있다는 영감을 받고 용기를 얻었다. '도전하지 못할 권위란 없다'는 권위주의에 반항하는 거대한 물결이 프랑스에서부터 쓰나미처럼 일어나 전 세계를 뒤덮었다.

이 세계적인 대격변 사건을 역사는 '68혁명'이라 부른다. 젊은이들과 양심 세력은 반전평화 운동을 펼치면서 기성질서와 기성세대의 모든 권위에 도전을 했다.

여성은 모든 분야에서 남녀평등을 요구하는 성해방에 비로소 제대로 목소리를 높였다. 당시 프랑스에서는 여성이 피임을 할 수 없었다.

전태일이 청계천에서 노동 생활을 하던 시절에 우리나라에서는 베트남전쟁에 어떤 비판도 일어날 수 없었다. 박정희는 미국에 이어 베트남에 대규모 전투부대를 파병했기 때문에 베트남전쟁과 관련한 비판적인 언론 기사를 물샐틈없이 통제했다. 박정희는 1960년 대 중반 이후 반전 평화 운동과 그에 따른 세계사적인 조류가 국민 눈과 귀로 흘러 들어가는 것을 막았고 국민 입을 열 수 없게 했다. 사회 불만을 조금이라도 나타내면 빨갱이 짓이라며 공포 분위기를 조성한 뒤 탄압했다.

68혁명이란 지구촌을 밝힌 광채가 우리나라에서만 깜깜했다.

우리 젊은이들이 남의 나라 베트남에서 피 흘리며 참전한 대가로 적잖은 돈을 벌어들였다. 이 돈이 국내로 흘러들어 봉제공장이 즐비했던 평화시장 활성화에 밑거름이 된 것은 맞는 말이다.

분명한 것은 우리가 베트남전쟁에 참가해 평화시장을 융성케 한 돈벌이는 인류 양심에 어긋나는 비도덕 행위였다. 돈 때문에 죄 없는 남의 민족 민중을 죽였기 때문이다. 우리는 "남에게 죽고 싶지 않으려면 남을 죽이지 말라"는 윤리의 황금률을 어겼다. 물론 우리 청년도 멋모르고 많이 죽었지만 말이다.

이분의 존재는 내 시대 축복이고, 기적이고, 신화였다

전태일이 재단사 아들로서 평화시장 봉제공장에 취직한 것은 어쩌면 필연이었다. 그 평화시장에서 굶주린 짐승처럼 본능적으로 돈벌이에 신경을 곤두세워야 할 찢어지게 가난한 젊은이였으나, 자기 처지보다 더 열악한 어린 여성 노동자들의 처지에 눈을 돌린 태도는 인간 본능으로 볼 때 설명하기 그리 쉽지 않다.

다시 말해 전태일이 자기 몸을 태우며 외친 사자후 "근로기준법을 준수하라! 우리는 기계가 아니다! 일요일은 쉬게 하라! 노동자들을 혹사하지 말라!"는 철저히 통제받는 남한 사회 기적이요, 나아가 현대 인류의 신화라 해도 전혀 지나친 말이 아니다.

마르크스 '마' 자도 모르는 청년이 외친 사자후는 당시 남한 자본주의가 보여 준 잔혹한 모순을 깜짝 놀랄 직관으로 성찰한 결과였다. 혁신적이었고 개혁적이었고 진취적인 직관이었다.

우리는 68혁명이라는 세계사적인 사건에 비켜서 있었지만, 너무나 다행스럽게 전태일의 외침이라는 숭고한 정신 혁명이 우리에게 있었다.

러셀은 백작 출신에다 숲이 있는 대저택에서 살았다. 모든 삶의 환경이 풍족했지만, 자신이 속한 백인 귀족 계급의 관점을 초월했다. 제국주의와 산업 자본가들이 저지르는 인간 억압과 착취를 통렬히 비난하면서 억압받고 착취당하는 인류의 자유와 평등을 위해 생각하고 행동했다.

전태일은 평생 노숙, 천막, 판자촌을 떠돌아 다녔으나 계급 관점이나 이념으로 세상을 바라보지 않았다. 어린 여성 노동자의 비참한 현실에서 남한 자본주의 모순의 본질을 직관적으로 꿰뚫어 보고 억압받고 착취당하는 여성과 노동 해방을 부르짖었다.

"행복해지기 위해 세계가 필요로 하는 가장 필수적인 것은 통찰력이다"라고 러셀이 갈파했듯이, 전태일이 직관으로 통찰한 남한 자본주의 모순은 계급과 지식 관점을 떠나 엄청나게 예리했다.

세계적인 대석학과 무지렁이 노동자가 핍박받는 인간을 같은 연민으로 바라본 것은 시공을 초월하여 사랑, 자비, 어짊 같은 숭고함을 간직한 착한 인간의 위대한 유사점이 아닐까?

영국 귀족 학자가 먼 아시아의 가련한 베트남 민중의 아픔을 지나치지 않았다. 가난한 노동자가 자기 처지와 다름없는 어린 여성 노동자의 아픔에 몸부림치듯 괴로워했다.

어느 쪽이 더 고귀한 감정을 지녔는가를 헤아리는 것은 무의미하다.

인간을 향한 연민이라는 인류애의 가치라는 저울에 올려 보면 전태일의 무게는 20세기 대석학 러셀의 무게에 비해 결코 가볍지 않다.

소원이란 개인적 행복을 추구하는 열망만을 뜻하는 것은 아니다. 자식을 위한 부모의 소원처럼 이타적인 열망도 있다. 인간으로서 가장 값어치 있는 이타적인 소원은 함께 사는 사회적 약자를 불쌍히 여기고 그 고통을 덜어 주려는 노력이다.

'불쌍히 여김과 공감'의 구체적인 윤리는 '미움이 아니라 사랑, 경쟁이 아니라 협조, 전쟁이 아니라 평화를 열망하는 자세'가 아닐까.

"우리 시대는 어둡다. 하지만 어쩌면 이 시대가 우리에게 주는 불안들이 지혜의 원천이 될지도 모른다. 지혜의 원천이 현실이 되기 위해서 인류는 자기 앞에 놓인 위험한 시기에 절망에서 벗어나려고 노력해야 하고, 과거 어느 때보다도 더 나은 미래에 대한 희망을 보존해야 한다. 그것은 불가능하지 않다. 사람들이 원하기만 한다면 그것은 현실이 될 수 있다."

러셀이 인류에게 이렇게 호소했을 때 러셀의 의도에 한 치도 다름없이 올바르게 응답한 사람이 전태일이 아닐까. 아니 전태일이다!

전태일이란 존재는 우리 시대 지혜의 원천이었고, 도덕적 사유의 모범이었고, 시대의 희망이었고, 불가능을 희망으로 바꾼 실천가였다.

"의무 없는 행복과 행복 없는 의무."

전태일은 자기 재능으로 자신만 잘 살겠다는 행복을 택하기보다 자신의 행복을 희생하더라도 사회 약자와 고통을 함께 나누자는 숭고한 의무를 택했다.

나이가 어리고 배운 것은 없지만 그들도 사람, 즉 인간입니다. 태어날 때부터 생각할 줄 알고, 좋은 것을 보면 좋아할 줄 알고, 즐거운 것을 보면 웃을 줄 아는 하나님의 만드신 만물의 영장, 즉 인간입니다. 다 같은 인간인데 어찌하여 빈한 자는 부한 자의 노예가 되어야 합니까. 왜 빈한 자는 하나님께서 택하신 안식일을 지킬 권리가 없습니까?

종교는 만인이 다 평등합니다.

(……)

-1970년 초의 소설 작품 초고에서

평화시장 봉제공장 업주 가운데 기독교를 믿는 사람들은 주일마다 교회에 꼬박 다녔다. 그러나 업주들은 노동자들에게 일요일에 쉴 틈을 주지 않아 교회에 다닐 수 없게 했다. 업주 자신만 일요일에 교회 가서 구원을 받으면 그만이었다. 어린 여성 노동자는 그 시간에 돈을 벌어들여야 했다. 돈벌레 업주들에게 유일신은 오로지 돈이었다.

지독히 이기적인 이런 교인들은 기독교 신앙의 본질인 '이웃 사랑'을 내팽개칠지언정, 물질적 풍요가 선사하는 정신적 타락으로부터 자신을 지켜 내려는 신앙의 본질에는 아예 관심이 없었다.

전태일이 평화시장 업주들에게 한 '일요일은 쉬게 하라!'는 외침은 돈 받고 면죄부를 팔아먹은 로마 가톨릭 부패에 항의한 종교 혁명가 루터 모습과 다름이 없었다. 자기 몸을 불태우며 외친 호소는 안일한 남한 기독교 사회에 던진 처절한 절규였다.

고통받는 노동자를 성찰한 전태일의 유언은 노동자는 물론 지식인과 종교인에게까지 각성을 일깨움으로써 남한 사회가 성숙하게 도약하는 계기를 마련했다.

전태일!
이분은 단순한 노동자가 아니라 청계천 평화시장 어린 여성 노동자를 통해 버림받고 헐벗은 민중의 굶주린 고통에 동참하여 그 고통을 해소하려던 예수의 진실한 제자였다.

　이분의 존재는

　내 시대 축복이고, 기적이고, 신화였다.

　이 분을 내 어찌 존경하지 않을 도리가 있으리오.

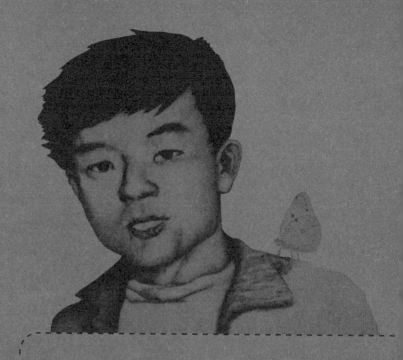

VII. 분신 그 이후

깃털보다 가벼운 죽음이 있고 태산보다 무거운 죽음이 있다.
전태일의 장엄한 죽음은 민주화의 밑그림이 되었고
비로소 남한 사회의 자생적 진보가 의미 있는 첫걸음을 디뎠다고 나는 생각한다.
전태일의 분신은 어떤 거대한 담론보다 더 큰 울림이었고,
헐벗은 민중의 실존을 드러낸 사자후였다.

전태일과 이소선 어머니. 이소선 어머니는
비록 소설이지만 고리키의 '어머니'보다 더 위대했다.
대구 건설노동자이자 목공예 작가인 조기현의 작품이다.

누구보다
맑은 직관으로

체계적으로 배운 적이 없는 '바보' 전태일은 잔인한 현실에서 누구보다 맑은 직관으로 자본주의 사회 모순의 근본 핵심을 꿰뚫어 보았다. 잘 사육된 개의 순종적인 눈이 아닌 자유로운 들판에서 자란 늑대의 맑은 눈으로 말이다.

'임금님은 벌거숭이'라고 말하는 것이 얼마나 어려운지를 배배 꼬고 빙빙 둘러말하는 먹물 이론가를 떠올리면 쉽게 알 수 있다. 두툼한 렌즈로 보는 먹물들 눈에는 직관의 맑은 진실이 잘 보이지 않는 법이다.

진보란 기존 질서의 '질적인 변화'를 가로막는 보수적인 행태를 바꾸자는 의미가 아닐까. 오직 물질의 '양적인 팽창'에만 매몰하는 천박한 보수 가치를 거부하는, 다시 말해 현실 모순을 직시하고 개선 의지를 갖고 실천하는 의식과 행위가 진보라고 나는 생각한다.

만약 진보라는 말에 고귀하다는 의미를 포함한다면 자기 몸을 불사른 '바보' 진보보다 더 고귀한 진보가 존재할 수 있겠는가? 선방이나 토굴 또는 수도원에서 혹은 강단에서 얻는 관념적 깨달음보다 더 위대한 깨달음을, '바보'는 청계천 평화시장의 잔인한 노동판에서 얻었다. 이 '바보'가 스스로 몸을 불태움으로써 남한의 자생적 진보는 횃불을 올릴 수 있었다.

다음은 『브루스 커밍스의 한국 현대사』에서 인용한 글이다.

1970년에는 한 노동자의 고독한 행동이 있었는데, 돌이켜 보면 이는 한국 노동운동사의 이정표가 되었다. 섬유노동자인 전태일이 11월 13일 서울의 평화시장에서 분신했고, 불꽃이 그를 불사르는 순간에도 '근로기준법을 준수하라!', '노동자들을 혹사하지 말라!' 하고 외쳤다. 7년 전 사이공 시내에서 한 승려의 분신이 지엠 정권을 무너뜨리는 데 상당한 역할을 했던 것과 유사하게, 이 분신자살은 전 국민에게 충격을 주었다. 전태일의 희생에 자극받은 많은 단체들이 행동에 나섰으나 그의 가장 큰 유산은 아마도 그가 죽은 바로 그달에 결성되어 그의 어머니 이소선 여사의 지도 아래서 혹심한 탄압에도 불구하고 1970년대 내내 강력한 영향을 끼친 청계피복노조였을 것이다. 1970년 전태일의 분신과 1971년 김대중에 대한 대중의 지지야말로 유신체제의 핵심적인 이유였다.

"전태일이 없었다면 한국 노동자들의 인권은 수십 년 뒤에나 존중받았을 것!"
"전태일은 대한민국 노동운동과 민주주의 발달에 큰 영향을 끼쳤다!"
이 모두 지극히 옳은 말씀이다.
노동자 인권 존중은 노동운동과 함께 민주주의의 발달을 의미한다.

1971년 대통령 선거에서 김대중에게 크게 혼난 박정희는 민주주의 방식으로는 더 이상 집권이 불가능하다는 것을 알고 종신 총통체제와 다름없는 유신체제를 선택했다.

전태일의 단순해 보이는 외침인 '근로기준법을 지켜라', '우리는 기계가 아니다'는 남한 사회 지식인과 기득권층에게 산업 사회에 진입하는 남한 사회의 맹목적인 저돌성을 근원적으로 반성하게 하는 계기를 마련했다.

순종해야 할 무지렁이가 내뱉는 정당한 외침, 이 듣기 싫은 불편한 진실에 대해 자본주와 압제자들은 경종을 느끼기보다 분노에 찬 짜증을 내었다.

어머니의 고집,
그건 오빠를 팔아먹는 거다

이소선 어머니는 전태일이 주장했던 근로조건 개선과 노동조합 결성을 요구하며 아들 장례식을 거부했다. 빈소가 있는 병원 영안실로 찾아온 낯선 이들은 노동청에서 보낸 사람들이었다. 그들은 평화시장 업주 대변인 노릇도 했다.

노동청 관료들은 전태일 사건을 당국이 조용히 처리할 수 있도록 아들 시신을 달라고 했다. 대가로 3천만 원을 제시했다. 당시 전태일 봉급이 2만 원이었다고 하니 월급 1,500배였다. 당시 보통 집을 10채 정도, 그럭저럭한 빌딩 한 채를 살 수 있는 거액이었다.

다음은 내가 직접 들은 큰 여동생 전순옥의 증언이다.

어머니는 관료들을 보내고 아이들을 불러 놓고 말을 꺼냈습니다.

"정부에서 태일 시신을 가져가는 조건으로 3천만 원 보상금을 제시했다. 그 돈이면 너희들 학비도 대고 형편도 풀릴 거다. 엄마가 그 돈을 거절하고 싶지만 그럴 경우 너희들은 공장에 다니며 학비를 벌어야 한다."

중학생이었던 내가 물었어요.

"그 돈 받으면 어떻게 되는 거예요?"

"그건 오빠를 팔아먹는 거다."

저는 고등학교 안 들어가도 된다고, 공장에 가겠다고 약속을 했죠. 태삼이 오빠도 그랬고, 막내 순덕이는 초등학교 4학년이었으니까 별말은 안 했어요.

그러니까 어머니가 '그럼, 됐다'고 하시면서 영안실로 들어가서 책상 위에 있던 가방을 열었습니다. 만 원짜리 돈들이 가득 들어 있었어요. 그 돈을 영안실에 뿌렸어요.

"돈 좋아하는 놈들 다 가져가라, 나는 돈 없어도 된다."

전태일이 분신했을 때 가족은 변두리 공동묘지에 있는 빈민촌 무허가 판잣집에 살았다. 낮에 수시로 철거반원이 들이닥쳐 집을 부수면 전태일은 밤을 새워서 다시 복구했다. 블록과 나무판자로 얼기설기 조립한 집이니 밤이면 대충 꿰맞출 수 있었다. 7번 헐리고 7번 다시 조립했다.

그런 처지에서 번듯한 집 10채 이상이나 살 수 있었던 거금을 공중에 내팽개친 순간 '이소선 어머니 신화'가 이 땅에 탄생했다. 어떤 숭고한 말로도 표현하지 못할 진정한 의미의 '어머니'로서 말이다.

돈 3천만 원이 자기 가족들에게는 어마한 거액이라지만, 이소선 어머니는 아들이 목숨을 던져 가며 이룩하고자 한 진실을 허공에 흩뿌릴 수는 없었다. 어머니는 아들 뜻인 근로조건 개선이 이루어지기 전까지 그 어떤 제안도 타협할 수 없다고 했다.

숭고한 어머니는 아들이 부탁한 대로 돈 늪에 인간 존엄을 빠뜨리지 않았다.

노동청 당국의 요구를 어머니가 완강하게 거절하자, 당국은 어머니가 독실한 기독교 신자임을 알고 기독교 목회자와 목사를 앞세워 어머니를 회유하려 했다. 심지어 이소선 어머니가 다니는 교회 목사까지 동원해서 돈을 받을 것을 강력하게 권유했다. 돈을 안 받는 것이 오히려 힘들 정도였다.

아, 이소선 어머니의 꼿꼿한 신념이 없었다면 우리 노동운동사는 어떻게 달라졌을까? 가족 안락을 위해 또는 거액에 눈이 멀어 노동청 요구대로 장례 절차를 합의를 했다면, 바로 그 순간 전태일의 숭고한 정신은 우리 역사에서 하룻밤 연기가 되어 사라지지 않았을까.

전태일
장례식

전태일은 삼각산 임마뉴엘 수도원에서 막노동을 할 때 목사 한 사람을 알았다. 전태일은 그 목사와 성경 원리를 토론하다가 의견 충돌이 잦았다. 그 후 그 목사는 전태일의 분신에 대해 "자살은 교리에 위배되는 불신자의 것, 전태일이 죽어서 빨갱이들이 춤을 출 것"이라고 비난했다. 당시 한국 기독교 대부분은 이런 목사 입장과 다를 바 없었다.

또한 존경받는 기독교 원로였던 강원룡 목사마저 "정치성이 없었다. 감리교 기독교 신자가 오로지 인간답게 살기 위해 몸부림치다 간 것뿐이다"라고 전태일 분신 사건의 의미를 축소하여 평가했다. 역사적 성찰 부족 때문에 숭고한 죽음의 의미를 의도적으로 희석했다고 볼 수밖에 없다.

그 무렵 대학가에서는 전태일이 죽음으로 폭로한 노동 현실과 노동문제를 논의하기 시작하던 참이었다.

가장 먼저 반응한 인물들은 서울대 법대생들이었다. 언론에 실린 분신 소식을 듣고 시신이 있는 성모병원에 온 사람은 서울법대생 장기표였다. 장기표는 법대 이념 동아리인 '사회법학회(社會法學會)' 일원으로 활동하고 있었다. 이들은 사회변혁을 위해 노동문제를 다루고 있었다. 이 동아리는 분신 직전인 1970년 10월 3일 주간 소식지 〈자유의 종〉을 창간했다. 경향신문 1970년 10월 7일 자에 전태일의 노력으로 평화시장의 열악한 노동환경을 고발한 기사가 나왔는데, 사흘 후 10월 10일 〈자유의 종〉은 경향신문 기사를 그대로 실었다.

장기표는 평화시장 노동 실태를 특집으로 다뤄야겠다고 생각하고 있던 중 전태일 분신 보도를 접하고 크게 당혹했다. 뉴스와 신문을 통해 어머니가 '아들 요구를 이루기 전에는 장례를 치를 수 없다'며 사체 인수를 거부하고 있다는 소식을 들었다. 장기표는 11월 15일 명동성모병원으로 가서 이소선 어머니를 만났다. 장기표는 당시 수배 중이어서 직접 병원에 가지 못하고 후배를 성모병원 영안실로 보내 어머니를 바깥 다방으로 불러 만났다. 장기표는 전부터 평화시장 근로조건에 관심을 가지고 있었으나 이제야 왔다고 사과를 드리고, 어머니에게 학생으로서 앞으로 해야 할 일이 무엇인지 의논하기 위해서 찾았다고 말했다. 당시 수많은 사람이 찾아와 보상과 장례 문제를 해결하겠다며 나섰으나, 어머니는 대학생인 장기표를 만나자마자 신뢰했다.

이소선 어머니는 "내 아들 태일이가 평소 '나에게도 대학생 친구가 한 사람 있었으면 얼마나 좋겠나'라고 그토록 말했는데 태일이가 죽고 나서야 나타났구나." 하시면서 전태일의 삶에 관한 여러 이야기를 들려주었다.

장기표는 학교에 가서 동료들에게 이소선 어머니에게 들은 전태일의 성장 과정과 성품, 전태일이 이루고자 했던 일과 여러 노력을 설명했다.

반응은 좋았다. 일부 대학생 동료들은 거의 무학력이다시피 한 전태일을 '전태일 선생'이라 불렀다. 정말 다행히도 그 당시 서울법대생들은 지성과 양심이 펄펄 살아 있었다.

어머니는 업주와 노동청의 돈뭉치라는 달콤한 회유와 끈질긴 압력에도 장례 절차에 양보해 주지 않았지만, 학생들이 장례 치르는 데에는 동의했다.

학생들은 '민권수호 학생연맹 준비위원회'를 결성하고 전태일 시신을 인수하여 '서울법대 학생회장'으로 장례식을 치르기로 했다.

적막하던 빈소에 대학생들이 몰려와 분향을 하고 학생장을 하기로 했다는 소문이 퍼지자 관계 기관은 긴장했다. 갑자기 노동청장을 비롯한 고관들과 여당 국회의원들이 문상을 오고 조화를 보냈다. 전태일이라는 존재가 더 이상 알려지는 것이 두려웠던 그들은 공권력을 동원해 학생장을 무산시키고, 근로조건 개선을 약속했다.

중앙정보부(현 국정원)는 경찰과 평화시장 관리들을 동원하여 어머니에게 더 많은 돈뭉치를 제안하며 학생장을 포기하도록 또다시 압박했다.

어머니의 완강한 태도에 중앙정보부는 회유를 포기하고 대학생들을 강제 연행하여 노동자들과 접촉을 차단하는 한편 노동청장이 직접 노동조합 결성 지원을 약속했다. 대학생들이 다치는 것이 염려된 어머니는 노동청 약속을 믿고 한국노총이 주관하는 장례식을 허락했다.

전태일,
한국 현대사의 한가운데로

11월 20일 서울법대 교정에서는 평화시장 노동자들과 서울 시내 각 대학 학생회, 각 청년, 학생, 종교 단체가 공동으로 추도식을 거행하려고 했으나 경찰 통제로 많은 사람들이 들어오지 못한 가운데 법대생을 중심으로 추도식을 가졌다.

전태일을 찾아간 첫 대학생 장기표는 그 후에 정치적인 좌표가 이리저리 많이 흔들려 민주화와 노동운동 정체성을 잃었지만 어쨌든 지금까지 전태일 친구로 남아 있다.

전태일 분신 소식에 청와대는 처음에는 큰 의미를 두지 않았다. 언론을 통해 이 사건 파장이 무섭게 번지자, 11월 16일 청와대는 부랴부랴 긴급 대책에 나섰다.

청와대는 노동청장을 대책 실무 책임자로 삼았다. 노동청장에게 돈으로 회유하여 더 이상 논란을 확산하지 않도록 지시했다. 어머니는 처음 제시한 3천만 원보다 훨씬 더 큰 돈다발마저 단호히 거절했다.

11월 23일 전태일이 박정희 대통령에게 쓴 편지가 비로소 전달됐다.

비서가 읽게 하고 박 대통령은 들었다. 박 대통령은 "아, 그 친구, 젊은 사람이 그래도 예절은 바르구먼. 문제들이 더 이상 확산되지 않도록 빨리 조치를 취하도록 해"라고 하면서 전태일의 정중한 글에는 나름 흡족해했다.

대통령 선거 5개월을 앞두고 있어서 논란은 좀처럼 가라앉지 않았다. 그러자 가장 막강한 권력기관인 중앙정보부가 깊숙이 개입하여 온갖 회유와 협박을 행사했다.

이소선 어머니는 태풍에도 항구의 안전을 꿋꿋이 지켜 내는 방파제 같은 역할을 훌륭히 수행했다.

전태일 분신의 울림은 지금까지 한국 사회의 가장 강렬한 메시지로 남아 있다. 박정희가 이룩했다는 화려한 '한강의 기적'이란 포장지 속에는 수백만 노동자들이 숨을 제대로 쉴 수 없는 고통이 있었다. 전태일의 분신은 이 화려한 포장지를 벗겨 낸 셈이다. 그러자 양심적인 젊은이, 지식인, 종교인이 그 고통스러운 울음을 듣게 되었다. 그 울부짖음은 남한 사회 노동운동과 민주화운동의 기폭제가 되었다.

1960년대 어린 소녀들은 부모를 위해 약간의 돈을 벌려고 유순한 저임금 노동자 집단을 형성했다. 이 여성들이야말로 1960년대 수출을 주도한 주춧돌이었다. 하루 15시간 이상 중노동에 매달 하루 또는 이틀 휴가를 받는 이들 여성의 희생 위에서 수출업자들은 황금 동산을 쌓아 올리면서 자본을 축적했다.

청계피복노조의 탄생,
그리고 한국 노동운동

전태일의 희생이 남긴 가장 큰 유산은 아마도 전태일 분신 사망 바로 그달에 결성한 청계피복노조일 것이다. 이소선 어머니는 자본과 권력의 혹심한 탄압에도 불구하고 이 노조 결성 이후 1970년대부터 돌아가실 때까지 강력한 노동운동을 이끌었다.

1970년대 유신체제에서 노동환경이 크게 달라지지 않은 점은 크게 놀랄 일이 아니었다. 1978년 방림방직에서 일한 한 노동자의 절규는 이렇다.

"(방림의) 긍지와 영광의 어두운 그늘 아래서 우리 여성 노동자들은 너무나 오랫동안, 너무나 심하게 일을 해 왔으며, 너무나 많은 고통을 겪었다.

우리가 노동을 하는 이유는 우리의 가난한 부모를 돕기 위한 것이다. 우리는 교복을 입고 싶지만 그 대신 시골의 우리 고향을 떠나 서울의 낯선 환경에 와서 공장 일을 하게 되었다. 우리는 돈을 벌러 왔지만 그것은 생각했던 것보다 훨씬 어려웠다.”

개발독재 경제성장은 노동자 삶을 충족하게 해 주는 것이 아니라 오히려 가난과 비인간적인 삶을 강요했다. 부가 산봉우리처럼 축적하는 다른 한편에서는 빈곤의 골이 깊어만 가고 있었다.

전태일의 불꽃은 고도성장의 어둠에 가려져 있던 우리 사회 근본 문제들을 비추는 역할을 했다. 민중 현실을 깨달은 일부 지식인들은 노동자, 농민, 도시빈민을 위한 민중운동에 참여했다. 1970년대 반독재 민주화투쟁에 앞장 선 학생운동은 정권 비판을 넘어, 사회구조에 관한 과학적인 이론을 학습하면서 1980년대를 준비했다.

1971년 대통령 선거에 겨우 이긴 박정희는 1972년 유신으로 선거를 없앴다. 온 사회를 통제하기 위해 무시무시한 유신 권력으로 사회 구석구석을 감시했다. 그럼에도 아스팔트 바닥 틈에서도 잡초가 올라오듯 미약하나마 곳곳에 민주적인 노동조합이 탄생하기 시작했다.

노동자 스스로 열악한 노동환경에서 벗어나고자 노력했다. 1970년대 초부터 청계피복노조를 시작으로 동일방직, 콘트롤데이타, 반도상사, 원풍모방, YH무역 등 많은 사업장에서 노동조합이 탄생해 노동자 권리를 위한 운동이 불붙었다. 공단 지역 영세 노동집약적 사업장에서 남성에 비해 취업 유지가 불안정했던 여성 노동자들이 중심이었다.

동일방직 노조는 1972년 국내 최초로 여성을 노조지부장으로 선출했다. 동일방직 노조는 강경 노조 운동을 선도했다.

역사의 흐름에 결정적인 역할을 한 노동 투쟁이 있었다. 1979년 4월, 가발 수출업체인 YH무역 노동자들이 회사의 무책임한 폐업에 항의하기 위해 장기 투쟁을 벌였다. 대부분 여성 노동자였다. 회사와 정부가 계속 무관심하자 8월 9일에 노동자들은 도시산업선교회 주선으로 그 당시 야당인 신민당사에 들어가 농성했다. 8월 11일 경찰이 강제 해산하면서 여공 1명이 추락사했다.

당시 신민당 총재 김영삼은 이들 노동자들을 적극 위로하고 변호했다. 유신 국회는 노조를 보호하고 유신체제를 비난한 김영삼 의원을 국회에서 제명했다. 이를 빌미로 유신에 대한 저항이 끝내 폭발했다. 10월 16일에 김영삼의 정치적 고향인 부산 마산 지역에서 부마항쟁이 일어났다. 결국 10·26으로 이어져 유신 심장을 정통으로 꿰뚫은 김재규 총알로 18년간 군홧발로 통치한 박정희 체제는 무너졌다.

한 노동자의 각성이 노동자 집단의 저항으로 이어져 난공불락처럼 보였던 유신 정국을 허물어뜨린 셈이었다.

1979년 10·26 사태는 전태일 정신이 이어진 사건으로 우리나라 민주화에 분수령을 이루었다. YH 여성 노동자들의 투쟁은 전태일 정신의 총화였고 캄캄한 유신을 끝장낸 도화선이었다. 22년밖에 살지 않은 전태일, 이 미약한 사람의 진실한 힘이 역사에서 무엇을 하였는지 우리는 다시 살펴보아야 한다.

이러한 흐름은 1987년 6월 항쟁의 영향으로 1987년 7, 8, 9월 노동자 대투쟁이 일어나 현대그룹, 대우그룹 등 대기업 남성 노동자 중심의 사업장에서 대규모 노조를 세울 때까지 한국 노동운동의 주도적인 흐름을 이루었다.

젊은 지식인과
양심적인 종교인들이 모이다

순수한 전태일 영혼의 외침에 경종을 받고, 청계천에서 계속되는 어린 여성 노동자들이 겪는 닭장 속 같은 삶의 고통에 동감하자는 움직임이 일어났다. 먼저 젊은 지식인과 양심적인 종교인들이 모였다.

첫 대학생 친구로 찾아 온 장기표의 역할 가운데 가장 큰 미덕은 조영래에게 연락한 것이다. 서울법대 대학원생 조영래는 사법시험 준비를 제쳐두고 전태일 추도식에 나타났다. 조영래와 전태일 영혼의 만남은 이렇게 시작했고, 이 만남 결과는 노동자 각성을 일깨워 1980년 광주민주화운동과 더불어 한국 사회 민주화운동의 두 축을 이루었다.

장기표의 또 하나 미덕은 서울법대 대학원생 최종고를 합류하게 했다. 영락교회 청년 대학부 회장으로 열성적 기독교 신자인 최종고는 유력한 교회가 시신을 거두어 주기를 바랐다. 신학대와 교회들을 중심으로 기독청년들이 발 빠르게 움직였다. 하지만 자살한 사람을 하나님의 성전에 안치할 수 없다는 중세적 교리를 핑계로 내세우거나, 자기 교회 신도가 아니라는 이유로 거절했다. 실제는 이런 명분보다 남한 교회가 유신 정부와 불편한 관계에 서기를 바라지 않았기 때문이다.

기성 교단이 몸을 사리는 데 분노한 한 진보 기독교 지식인이 용감하게 이 문제를 거론했다.

일요일인 15일, 광화문 사거리에 위치한 새문안교회당에서는 '정치와 신학'이라는 주제로 연세대학교 신학대가 주최한 공개강좌가 있었다. 서남동 학장이 사회를 봤다.

강사로 나선 한국기독학생총연맹(KSCF) 사무총장 오재식(1933~2013) 목사는 '오늘의 정치신학의 동향'이라는 강연 제목으로 시국을 빗대어 격정적인 강연을 통해서 참석자들로부터 뜨거운 반응을 받았다.

이 강좌에 참석한 최종고를 비롯한 몇몇은 큰 자극을 받았으며 그 강연 내용을 훗날 회고했다. 최종고가 강연에 참석한 후 기록한 그날 일기를 살펴보면 이날 오재식의 강연이 얼마나 감동적이었는가를 알 수가 있다.

"… 그 길로 새문안교회에서 열리는 연세대 신과대가 주최하는 공개강좌 '정치와 신학'에 갔더니 서남동 학장의 사회로 오재식 선생의 '오늘의 정치신학의 동향'이 시작되고 있었다. 오 선생 강연은 정말 내가 들어 본 강연 중에 제일 시원한 얘기였다.

… 오 선생 자신도 자기 얘기에 감동한 듯 설교하듯이 힘주어 내리퍼부었다. … 나중에 들으니 전 군(전태일)에 관한 보도를 읽고 몇 개월 준비한 아카데믹한 강연 준비를 다 버리고 새로 전부 현실적인 문제를 추려 오늘 강연을 했던 것이라 한다."

이날 새문안교회 강연을 마친 오재식은 서남동 학장을 비롯한 몇몇과 함께 최종고 청년회장 안내를 받으며 명동성모병원 영안실로 찾아와서 조문을 하고 이소선 어머니를 만났다. 그들은 이소선 어머니를 만나 큰 위로를 전하려 하였으나 오히려 어머니에게 큰 자극을 받았다.

어떤 예수의 죽음
-고 전태일 씨의 영전에

11월 16일, 서울대학교 법과대학에서는 학생 100여 명이 모임을 갖고 가칭 '민권수호 학생연맹 준비위원회'를 발족하고 전태일 시신을 인수해서 서울법대 학생장으로 장례식을 거행한다고 발표했다. 선봉장은 장기표였다. 그 정보를 얻은 경찰은 장례식장에 있는 학생들을 연행했다.

이소선 어머니는 경찰 팔다리를 붙들고 늘어지며 "학생들을 내놓아라 이놈들아. 안 그러면 내가 죽어도 절대 장례식을 치르지 않을 테다. 이놈들아!" 하면서 소리를 지르며 대학생들의 석방을 요구했다. 어머니는 대학생들을 석방하지 않으면 장례식을 치를 수 없다며 기자들과 업주들에게 항변했다.

영안실에는 많은 서울대 법대생들이 돌아가지 않고 자리를 지켰다. 이날 한국기독학생회의 지도교수들과 기독학생회 대표들이 전태일의 주검 앞에서 서울대 법대 학생들을 만났다. 이 만남은 1970년대 학생운동사에 큰 획을 긋는 계기가 되었다.

전태일 장례식을 마친 다음 날인 20일에 서울대 법대에서 추도식이 열렸다. 이날은 애초에 서울시내 각 대학교 학생들과 노동자들과 종교단체가 대규모로 규합하여 합동으로 추도식을 거행하려 했는데 학교 당국과 사정기관의 저지로 무산되었다.

새문안교회에서는 이날 이후 전태일 장례식을 마친 사흘 뒤 22일 주일에 새문안교회 대학생부 학생 40여 명이 전태일을 죽음으로 몰고 간 사회와 그 공모자인 자신들의 죄를 참회하는 금식 기도회를 가졌다. 새문안교회는 가장 앞장서서 전태일의 분신을 아파하며 동참했던 교회가 되었다.

23일에는 개신교와 천주교 공동 집전으로 추모 예배를 거행했는데, 여기서 김재준 목사는 "우리 기독교인들은 여기에 전태일의 죽음을 애도하기 위해 모인 게 아닙니다. 한국 기독교의 나태와 안일과 위선을 애도하기 위해 모였습니다"라고 했다.

젊은 지성인들과 양심적인 종교인들은 미처 몰랐던 노동자의 고통과 모진 삶에 눈을 돌리기 시작했다.

다행히도 전태일 장례식을 마친 며칠 후인 11월 25일에는 연동교회당에서 신구교 합동으로 전태일 추모예배를 개최했다. 이 예배에서 전태일의 죽음은 우리를 속죄하는 제물로 받고 모든 불의한 권력에 맞서는 싸움에 몸 바칠 것을 고백하는 '헌신고백문'을 발표함으로써 기독교 체면을 그나마 세웠다.

오재식 목사는 그다음 달인 12월에 당시 영향력 있는 월간지였던 〈기독교사상〉 12월호에 「어떤 예수의 죽음-고 전태일 씨의 영전에」라는 글을 게재하여 기독교계에 논쟁을 불러일으켰다.

전태일의 죽음을 통해서 한국 기독교계를 뼈아프게 반성하는 가치 있는 글이다. 전태일 죽음의 의미를 예수의 죽음에 비유한 글이라 길지만 여기에 인용하겠다.

예수.

내가 너의 나이를 아는 것은 서른세 살뿐. 남 같으면 장래의 포부로 부풀었을 때에 십자가를 지고 예루살렘 거리를 지나던 그 나이밖에는.

아무리 우둔했어도 몸 하나 사릴 만한 지혜는 들었을 나이에 조소와 모멸 속으로 걸어야 했던 미련을 몰랐었네. 예루살렘에 안 갈 수도 있었지 않았는가? 아끼던 제자들도 말리지 않았던가? 너 하나 그런다고 해서 질서가 달라질 것도 아니었는데. 종교도 이미 안전을 도모하고 사람들은 통치자 로마의 눈치를 살피던 중인데도, 천군만마를 거느린 것도 아니요, 대중의 지지를 얻은 것도 아닌 주제에 무슨 계산으로 그렇게 함부로 말을 뇌까렸단 말인가.

맘 하나 잘 먹었다면 전통 있는 로마의 향연에 참여했을 것이고, 눈 한번 딱 감았다면 수레에 높이 앉아 흙이 묻을세라 호강했을 터인데도.

너는 천민의 친구로, 그들의 무리로, 그들의 아들로 그렇게 장터에서 뒹굴고 거리에서 서성대고, 들에서도 다짐했었다.

눈이 먼 자를 고치고, 앉은뱅이를 걷게 하고, 상한 자를 만지고, 찢긴 자를 위로하고, 억울하고 지치고 병들어 가는 이웃을, 그들을 생각하다가 그만 사랑에 빠졌었겠지.

신음소리를 들을 때 네 가슴이 메어지더냐, 어린 생명이 병들어 가는 것을 볼 때 울화가 치밀더냐, 목이 메고, 하여 굶었으리라. 다짐으로 배를 채운 나날들.

왜 너는 초연하지 못했더냐. 어느 세상에나 희로애락은 있는 법, 있고 없는 것이 하늘의 뜻이려니 할 일이지. 비참한 현실도 눈을 감으면 아름다운 추상의 세계. 로마의 통치가 끝날 날이라도, 왜 그날이라도 못 기다렸느냐. 삶은 차디찬 머리로 꾸밀 것이지 가슴으로 재어서는 안 되는 법. 분명한 종말에다 몸을 던진 너는 자살자(自殺者)가 아니냐? 너는 네 죽음을 스스로 택한 것이다. 그것이 자살이 아니라면 너는 사기꾼! 누군가가 위대하게 죽여 주기를 바라는 마음이 아니겠는가. 직장에서 죽으면 순직이요, 집에서 죽으면 자연사밖에는 안 되는 세상인데, 너는 그런 무리를 믿게 하기 위해서 쇼를 했단 말이냐? 너는 가야바 법정 빌라도 앞에서 네 죽음을 유예할 수 있었다. 너는 바리새인들의 심산을 짐작했으면서도 인간을 위한 열망을 포기하지 않았었다. 너는 얼마나 괴로운 길인가를 알면서도 그것을 택했었다. 너는 도피하려고 여러 번 망설이다가도 결국은 그러지 않기로 결심한 것이 아니냐. 그 길을 가기로 작정한 그때, 네 죽음은 시작되었다. 누구 손에 죽었느냐가 문제가 아니다. 어떻게가 중요한 것도 아니다. 로마제국의 병졸이거나 교권주의자들의 앞잡이거나 어차피 네 뜻의 하수인들이 아닌가. 세계의 제국 로마의 총독에게는 식민지의 백성이야 쓰레기지. 위대한 종교인들이야 너 같은 악마의 제자를 처치하는 것은 신의 섭리고. 이 무시무시한 법정 앞에서 네 무기는 오직 하나, 자유. 네 길을 택할 수 있는 자유로 섰었다. 네 목숨을 끊을 수 있는 자유로 섰었다. 정신착란에서가 아니고, 순간적인 흥분에서가 아니고, 삶을 비관해서도 아니고, 사랑의 상처 때문도 아니고, 너는 오랫동안 네 마지막을 내다보았었다. 너는 그리고 가기로 결정한 것이다.

너는 죽을 때 "목이 마르다"라고 했다. 이미 죽는 마당에 물은 찾아서 무슨 소용인가? 무식한 병졸들은 식초를 타다 주었다지만 "내가 목이 마르다"라고 수천 년을 들려오는 소리. 인류의 폐부를 뚫고 지나는 음성, "내가 배가 고프다." 이것은 네 푸념이 아니라 샤먼을 통해서 들려오는 무리의 합창이 아니겠는가. 그 절박한 시간에 마지막 힘을 깡그리 모아, 들려주는 말 "목이 마르다. 배가 고프다." 네 주검을 끌어안은 여인의 젖은 말라 있었다. 거친 손끝은 떨고 있었다. 저녁놀 광우리에 길어 오던 떡덩이, 하고한 날 큰맘 먹고 못 해 먹인 햅쌀밥, 30리 걸음걸이 아껴 모은 풀빵들, 밥상에 앉으면 그 음성이, 찻잔을 들고도 그 음성이, 진열장의 진미가, 뒤안길 요정의 상다리가 다 목을 놓아 부르짖지 않는가. "내가 배가 고프다." 네가 운명한 후에도 통치자의 졸병들이 네 옷을 서로 가지려고 제비를 뽑았었다. 옷은 네 자유를 덮었던 주검. 주검은 핏기 없는 회백색의 옷자락이 아닌가. 그 주검을 서로 빼앗으려고 곤두박질한 군대들, 다투어 꽃다발을 보내고 그리고 너를 유대인의 왕이라고 팻말을 붙이더라. 막달라 마리아 먼발치에서 울고, 따르던 제자들은 얼씬도 못하게 되었는데, 너를 죽인 자들이 너를 추모하고 너의 죽음을 너의 끝장이게 하였다. 피를 쏟고 죽어 버린 네 주검을 두려워 떨며 지키던 병사들, 합법적인 절차로 종말이 집행된 네 몸뚱이 옆에서 불안해하던 로마의 용사들. 그들은 죽어 버린 너를 죽일 수가 없었던 것이다.

너는 갸롯 유다의 배신을 알았었다. 모든 것을 팽개치고 너를 따르던 그가 너를 위해서 살기로 했고, 너 때문에 산다던 그가 너도 모르는 사이에 치부해 가고 있음을 알았었다. 스승이라 부르던 그 입술로 흥정을 하고 있었다. 햇빛 아래서는 너와 울고 별빛 밑에서는 그들과 웃었었다. 권력자의 편에 서서 네 목숨을 은전으로 헤이고 있었다. 권력자의 앞에서 유다는 너의 대변자, 너의 감정, 의지, 또 너의 무리들을 대변하기에 침이 말랐으리라. 유다의 혓바닥을 통해 본 너는 피래미지. 언제든지 신호 하나로 처치될 수 있었던 쓰레기가 아닌가. 권력자와 쓰레기들 중간에 서서 쓰레기들의 대변인이 된 유다. 그 직함으로 행세하던 그를 너는 왜 모르는 체했는가.

그 유다가 네게 와서 입을 맞출 때 너는 이미 유다의 통곡 소리를 들었으리라. 은화 서른 냥에 팔려서 네게 와 "스승이여 평안하소서." 할 때 유다는 이미 통곡하고 있었다. 로마의 병졸을 매복시켰던 그가 오히려 떨었으리라.

네가 그렇게 무모하게 살아 버린 것을 교회는 얼마나 힐책한 줄 아는가.

가난하면 그런대로 기도하고,

괴로우면 그런대로 감사하고,

억압자를 사랑하고, 부자를 사모하며

때리면 웃어 주고 협박하면 주를 찾아

범사에 감사하며 은혜롭게 살 것인데,

왜, 선동하고 허가 없이 모이고, 불온한 것을 가르치고, 하여 목숨을 단축시켰느냐. 교회는 비굴한 미소로 연명하여 상처 없이 죽은 무리를 성도로 추서하는 장소였다. 교회는 흠 없는 성도들의 사교장이요, 너 같은 쓰레기가 상면하는 것만으로 수치를 느낄 것이다. 네가 장터에서 선동을 하고 네 목숨을 내어 맡길 때 교회는 철문을 굳게 잠그고 취침시간을 엄격히 지키고 있었다. 보드라운 잠옷에 경건한 마음으로 교회의 영광을 기도했으리라. 제 목숨 하나 살피지 못하는 천민이야 쓰레기통 옆에다 팽개친들 무슨 상관이냐. 하나님의 거룩한 아들이야 저 명부에 올라 있는 계꾼들이지. 너도 행여 다시 나거든 그 명부에다 등록을 하라. 요람에서 묘지까지 보장받는 보험회사에 가입하라.

너는 잡히기 전날 밤에,

예수, 너는 친구들을 모아 놓고 "이것은 내 살이니 받아먹고 나를 기념하라.", "이것은 내가 쏟은 피니 마시고 나를 잊지 말라.", "내 삶을 기념하라.", "내 죽음을 헛되이 말라."

네 죽음이 왜 모든 것의 마지막인 것을 몰랐던가. 네 죽음 뒤에 새로운 세상이 오리라는 생각은 황당했다. "내 하나가 죽으면 달라지겠지." 너는 네 죽음이 끝이라고 생각지 않았다. 새로운 시작을 본 것이다. 시작을 한 것이다. 시작으로 산 것이다. 벽 뒤의 세계를 보았기 때문에, 그 세계가 오리라는 것을 믿었기 때문에 벽을 뚫을 수 있었다. 이 시작을 죽음이 막지 못한 것이다. 죽음은 생명의 탈바꿈이 아닌가.

네가 죽은 후, 예수여!

엉뚱한 사람들이 수군거리고, 생면부지가 헌화를 하는구나. 네 이름이 입에서 입으로, 가슴에서 가슴으로, 발에서 발로 번져 갔다. 네가 네 몸을 달구던 그 자리를 가 보고, 네 음성을 들으려 하고 너를 만지려 했다. 만져서 그리고 다짐하려 했다. 살아 있는 것처럼 그렇게 육박해 오는 죽음이었기에 가슴속으로 꿰뚫는 진폭이 있었다. 네 초상화가 복사되고 네 생애가 돋보이고, 드디어는 네가 스승으로 되어 가고 있었다. 죽음의 벽이 당분간은 누리를 덮었었지만 그 밑으로, 고동소리, 희망이 그 밑으로 흐르고 있었다.

고뇌에 쪼들린 마음속에는 암흑을 벗겨 버릴 분노가 서리고, 눌리고 헐뜯긴 가슴이지만 죽음을 이길 만한 자유는 있어, 하여 죽은 너는 다시 무리 속에 살아서 흐르지 않는가. 새 역사의 여명이, 부활의 아침이 급박하게 다가오는 것이 아닌가.

예수.

너는 죽어서 많은 예수를 낳고 그 예수들이 다 같이 예루살렘 거리에 서는 날, 너는 우리에게 부활의 의미를 가르칠 것이다. 할렐루야.

보수교단에서는 이미 전태일의 죽음을 자살이라고 단정하여 교리에 위배된다며 무조건 매도하던 가운데 벌어진 이 논쟁은 크게 떠들썩한 것은 아니었으나 사회 구원과 민중 신학의 신학적, 역사적 의의를 갖게 한 논쟁거리를 제공했다.

언론도 노동문제를 사회 이슈화하여 대대적으로 보도하였다. 이로써 정치계와 정당들도 정부의 반노동자 정책에 비판을 가하지 않을 수 없었다. 박정희에 대항하는 야당의 유력한 대통령 후보인 김대중은 1971년

1월 23일 연두 기자회견에서 '전태일 정신의 구현'을 대통령 선거 공약으로 발표했다.

전태일과 조영래의
만남

나는 우리나라 역사에서 신화적인 인간관계를 꼽으라면 수운 최제우와 녹두장군 전봉준의 만남, 그리고 전태일과 조영래의 만남이라 생각한다.

최제우-전봉준의 만남은 외세 침략에 꼼짝 못하는 썩은 왕조 체제를 개혁하려 하였고, 전태일-조영래의 만남은 천박한 자본주의 체제에 대해 민중의 각성을 일깨웠다. 다시 말해 시대모순을 돌파한 시대정신을 구현한 분들이다.

칸트의 말을 이렇게 사용해 볼 수 있지 않을까.

"조영래 없는 전태일은 맹목이고, 전태일 없는 조영래는 공허하다."

이렇게 말할 수 있다면 최제우-전봉준 두 분 관계도 이러하리라.

그러나 시대정신을 이끈 두 분과 두 분은 서로 만난 적이 없었다. 위대한 영혼들이 아름답게 만났었다.

가장 높은 곳에서 가장 낮은 곳으로 내려가 숭고한 청년 전태일을 만난 위대한 청년 조영래!

이 만남은 우리 현대사에서 도저히 잊을 수 없는 의미 있는 신화였다.

앞에서 한 이야기를 반복해 보자. 조영래는 1969년 서울대 법과대학을 졸업하고 대학원에 입학했으며 1970년 전태일의 장례식을 서울법대 주관으로 치렀을 때 참석했다. 1971년 사법시험에 합격해 연수원에 들어갔다. 사법연수원에 들어가자마자 서울대생 내란음모 사건으로 구속되었으며 1년 6개월의 실형을 선고받았다. 1973년 4월 만기 출소 후 민청학련 사건 관련자로 수배되어 1974년부터 1979년까지 6년간 쫓기는 생활을 했다.

위인은 시간을 헛되이 쓰지 않는다고 한다. 조영래는 도피 생활을 하면서 전태일 영혼을 찾아갔다. 전태일 어머니 이소선 씨를 만나고 당시 전태일과 함께했던 청계천 노동자들의 현실을 알기 위해 청계천 일대를 누볐다. 조영래가 본 것은 인간 이하 대우를 받는 가난한 노동자 삶이었다. 많은 노동자를 만나며 지식을 전해 주기도 했지만, 조영래는 오히려 노동자들에게서 삶이 귀중하다는 것을 배웠다.

이 도피 기간 동안 전태일의 삶을 완벽하게 복원한 『어느 청년 노동자의 삶과 죽음』이란 책을 집필했다. 이 책은 1983년 전두환 정권의 모진 탄압에도 출간되어 우리나라 노농운동사에 가장 큰 울림을 남겼다

전태일은 암담한 노동 현실의 근본 원인이 근로기준법이 준수되지 않기 때문이라는 것을 깨달았다. 전태일은 비록 초등학교조차 제대로 나오지 않았지만 법대 교재인 『근로기준법 해설서』를 구했다. 전문적인 법학 개념과 법률용어로 된 책과 씨름했다. 이 답답함 때문에 전태일은 "대학생 친구가 하나 있었으면 원이 없겠다"라는 말을 입버릇처럼 했다.

그러나 아름답고 숭고한 청년 전태일 자신이 죽고 난 뒤지만 그토록

원했던 대학생 친구인 아름답고 위대한 청년 조영래가 찾아왔다. 숭고한 청년 전태일은 이 세상 가장 낮은 곳에서 인간 고통의 본질을 알아냈고, 위대한 청년 조영래는 이 세상 가장 높은 곳에서 가장 낮은 곳으로 찾아 내려와 그 고통을 이 세상에 드러냈다. 혼과 혼으로 이어진 두 사람의 인연을 나는 우리 현대사에서 '가장 아름답고 격조 있는 만남'이라 부른다. 근대사에서 동학의 두 주역인 최제우와 전봉준의 만남처럼.

1970년대 이후 우리나라 모든 민주화운동은 이들 두 분-전태일과 조영래-에게 가장 많은 빚을 안고 있다 해도 조금도 지나친 말이 아니다.

전태일 서거 50년, 조영래 서거 30년, 지금 좌표를 잃고 방황하는 진보는 전태일과 조영래가 보여 준 삶의 의미를 복원해야 한다. 이분들은 꺼지지 않는 횃불이요, 시대정신이 솟아나는 마르지 않는 샘이다. 우리는 이 횃불로 암흑을 밝히고, 끊임없이 솟는 이 샘에서 자유와 평등과 사랑의 목마름을 해소해야 한다.

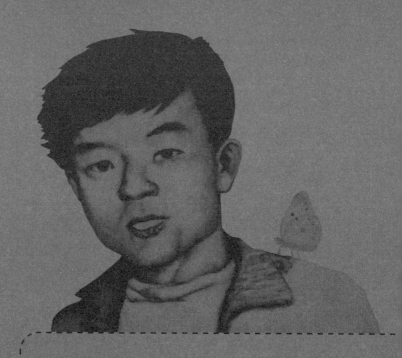

VIII. 전태일 '선생'

함석헌(1901~1989) 선생은 자신이 발행한 월간지 〈씨올의 소리〉에 전태일 일기를 게재했다. 또 기일 때마다 전태일을 기리는 글을 발표하고, 〈씨올의 소리〉 주최로 '전태일 선생 추도식'을 거행했다.

국민 선생님으로 불린 함석헌 선생은
자기보다 47살 어린 전태일을 '선생'이라 불렀다.

제 할 일을
다 하고 떠난 사람

　일생 동안 '선생'으로 존경받았던 함석헌 선생은 자신보다 47살이나 어린 전태일을 항상 '전태일 선생'이라고 불렀다. 그 이유에 대해 이렇게 말씀했다.

　"전태일 군은 나이로 보면 손자뻘이 됩니다. 그러나 22살 짧은 삶을 살았어도 그는 제 할 일을 다 하고 간 사람이 아니겠소. 나이는 많지만 나는 아직 해야 할 일을 다 못했기 때문에 그는 나한테 선생일 수밖에 없습니다. 사람은 나이를 얼마나 먹었는지가 중요한 것이 아니라, 제 할 일을 다 했느냐 아니냐가 중요한 것이지요."

　지금은 교육계에 종사하면서 남을 가르치는 분을 선생(先生)이라 하지만 옛 본래 의미는 도를 깨달은 자, 덕업이 있는 자, 성현의 도를 전하고 학업을 가르쳐 주며 의혹을 풀어 주는 자를 뜻했다.

　요즈음 자기보다 학식이 많은 사람을 높여 이르거나, 어떤 일에 경험이 많거나 잘 아는 사람에게 쓰는 말이기도 하다.

　함석헌 선생이 전태일에게 부른 '선생'이란 존칭은 이런 모든 뜻을 담았다고 할 수 있다.

한유(韓愈, 768~824)는 중국 당나라 시대 문학가이자 사상가이며, 당송팔
대가(唐宋八大家)의 으뜸으로 꼽는다. 한유의 작품 가운데 '사설(師說)'은 중
국 역대 명문장만을 모은 고문진보(古文眞寶)에도 나오는 글이다. 사설은
'스승을 찾아 도를 배워야 하는 이유를 논함'이란 뜻이다. 그 가운데 일
부이다.

"나보다 먼저 태어나 그 도(道) 듣기가 진실로 나보다 먼저라면, 내 그
를 스승으로 삼는다.
나보다 뒤에 태어나 그 도 듣기가 나보다 앞이라면, 내 그를 스승으
로 삼는다.
나는 도를 스승으로 삼으니 나보다 먼저 나고 늦게 남을 따지겠는
가?"

같은 시대 문장가 유종원(柳宗元, 773 ~ 819)은 '사설'을 이렇게 봤다.

"옛날부터 사람들은 스승을 섬기지 않았다. 오늘날에는 스승이 있다
는 것을 듣지 못했다. 있다면 비웃거나 미친 사람으로 여겼다. 다만
한유만이 세속의 비웃음이나 모욕을 돌아보지 않고 학생들을 불러
모아 '사설'을 지었으며, 얼굴을 치켜들고 스승이 되었다."

아득한 옛날인 당나라 시절 역시 남을 따라 배우기를 꺼려 하는 못된
풍조가 있었음을 볼 수 있다.

"태일아!
내가 너를 죽였구나!"

　우리에게는 괴이한 관습이 있다. 나이만 들면 무조건 공경받고, 존중받고 나아가 존경받기를 원한다. 오랜 유교적 인간관계에 물들어서인지 우리 사회에서는 나이가 권위가 되기 십상이다.

　공경(恭敬)은 아랫사람이 윗사람을 공손히 받들어 모시는 걸 말한다.

　존중(尊重)은 상대를 높이어 귀중하게 대하는 걸 말한다.

　존경(尊敬)은 남의 인격, 사상, 행위 따위를 우러러 소중히 받드는 걸 말한다.

　사회생활에서 일반적으로 상대를 공경하고 존중하는 태도는 예의이고 의무이다. 때로는 겉치레이거나 위선적일 수도 있고 심지어 상대가 이를 강요하기도 한다.

　그러나 존경은 마음속 깊은 곳에서 우러나오는 진심이다. 나이를 떠나서 자발적인 탄복이고 경탄이다.

　국민에게 '선생'으로 불린 함석헌은 자기보다 아주 젊은 전태일을 '선생'으로 '존경'했다. 그 까닭이 『함석헌 평전』에 잘 나타나 있다. (『씨올 함석헌 평

1970년 말에 함석헌 선생은 퀘이커(기독교 한 교파) 세계대회 참석차 미국에 체류 중이었다. 12월 29일에 전태일의 소식을 들었다. 분신한 지 한 달 반 만이었다.

"그때 내 슬픔은 참으로 컸다. …", "태일아! 내가 너를 죽였구나." 하면서 몇 번이고 눈물을 감추지 못했다.

함석헌 선생은 '밤새 울었다'면서 전태일의 죽음이 자기 잘못인 양 질책했다. 아울러 그의 분신 기사를 '그 사람의 마음이라기보다 하늘마음이 움직여서 그리된 일'이라고 읽었다. 그 "하늘마음"이란 전태일의 희생을 구원의 의미로 받아들였다는 뜻이기도 했다.

1971년 4월 22일, 함석헌 선생은 해가 바뀌어 미국을 떠나 김포공항에 내리자마자 택시를 타고 전태일이 살던 쌍문동의 허름한 집으로 직행했다. 이소선 어머니는 집 안으로 들어오던 함석헌 선생의 슬픈 얼굴이 마치 '예수님 같았다'고 기억했다. 함석헌 선생은 이소선 어머니에게 무엇이든지 도울 일이 있으면 돕겠다는 말을 남기고 전태일 집을 떠났다.

1971년 11월 13일 토요일 오후 2시 장충동 경동교회에서 전태일 1주기 추모집회가 열렸다. 이 집회는 평화시장 청계피복노조와 함석헌 선생이 주관하던 〈씨올의 소리〉가 공동 주최하고, 가톨릭노동청년회와 도시산업선교회가 후원했다.

이날 추모식은 조향록 목사가 추도 예배를 집전했고, 함석헌 선생의 '전태일을 살려라'와 고려대 교수 이문영의 '기도교가 본 전태일' 강연이

연이어 있었다. 모든 언론이 침묵한 가운데 열린 추모식에서 함석헌은 낭만주의 시인 브라우닝(Robert Browning)의 만가(輓歌: 죽은 사람을 애도하는 노래나 시)를 비장하게 읊었다.

> 일찍이 등을 돌려 뵌 일이 없이
> 늘 앞만을 향하고 나간 사람이오.
> 구름은 걷히고야 마는 것을 의심한 일이 없었고,
> 비록 옳은 것이 한때 억울을 당해도
> 악한 것이 이기리라고는 생각해 본 일이 없으며
> 넘어짐은 일어서기 위함이요,
> 짐을 이기기 위해서이며
> 잠은 깨기 위해서라고 믿었던 사람이다.

이 만가는 르네상스 시대를 살다 간 어느 고귀한 인물의 생애를 읊은 것인데, 세상을 떠난 전태일의 영혼을 위하여 살아남은 자들이 감상적으로 슬퍼하기만 할 것이 아니라 그를 살려 내어 응원하고 같이 싸워야 한다는 뜻이었다.

> "아, 전태일을 살려라. 그 이름도 그 사명을 표시했던 듯한 전태일, 전(全)은 전체 아닌가? 태(泰)는 큰 아닌가? 일(壹)은 하나 아닌가? 큰 하나 전체! 태일은 태일로 살았다. 태일을 전체로 살려라!"

함석헌은 '몸으로는 아니더라도 몸보다도 더 높은 생명'으로 다시 태어날 전태일의 미래를 '영원한 생명'의 씨올로 확신했다. 이 비통한 연설은 전태일의 분신을 제3의 인격으로 승화시킴으로써 당시 절망적인 상태에 있던 한국 사회에 극적으로 물길을 터 주는 실마리처럼 보였다.

그의 죽음이 살아 있는 자들 중에서 죽은 자의 지위를 약속하는 공공(公公)한 성격으로 전환되었기 때문이다. 전태일의 유서에 나오는 구절 '큰 하나 전체'의 의미를 새삼스럽게 깨닫게 해 준다.

'제도의 혁명', '사상의 혁명', 그리고 '혼의 혁명'

친우여, 나를 아는 모든 나여.

나를 모르는 모든 나여.

부탁이 있네.

나를 지금 이 순간의 나를 영원히 잊지 말아 주게.

함석헌 선생은 전태일의 죽음 이후 우리나라의 살길은 '제도의 혁명', '사상의 혁명', 그리고 '혼의 혁명' 세 단계에 있다면서 먼저 전태일에게 죽음을 강요한 기존의 제도를 전적으로 부정하면서 이렇게 말했다.

"지금 인간들이 하고 있는 정치 제도, 사회 제도, 경제 제도, 종교, 교육의 모든 제도가 인간의 자람을 방해하고 있다. 자본주의 밑에서 아무리 정직해도 그 정직은 정직이 아니요, 공산주의 밑에서 아무리 자유하려고 해도 자유가 아니다."

손자뻘 젊은이에게 선생이라 존칭을 붙인 함석헌 선생은 그런 의미에서 참으로 올바른 이치를 깨달은 선생이셨다.

함석헌 선생 같은 이런 정직한 지성인은 역사에서 아주 드물게 있었다.

왕필(王弼, 226~249)은 오랜 중국 역사에서 불가사의한 천재로 첫손에 꼽힌다. 인문학 계통의 천재 가운데서도 왕필 같은 인물은 인류사에서도 찾아보기 힘들다.

중국에서 가장 오묘한 책으로 꼽히는 노자『도덕경(道德經)』과 유교 핵심 서적인『주역(周易)』을 해석하고 풀이(주석註釋)했다.

왕필은 전태일과 비슷한 나이인 만 23살에 죽었다. 23살에 심오한 사상을 구축한 셈이었다.

왕필이 노자『도덕경』을 풀이한 시기가 16살로 추정하고 있다. 고1이라면 인간 지성 수준으로 볼 때는 젖먹이 애송이다. 그러나 이 애송이가 풀이한『도덕경』은 하안(何晏, 193?~249)을 비롯한 당대 학자들의 철학 사상에 상당한 영향력을 끼쳤다. 뿐만 아니라 중국 전 역사를 통틀어 가장 탁월하고, 심오하고, 지금까지 널리 읽히는 가장 권위 있는 풀이로 꼽힌다. 20세가량에 풀이를 한『주역』도 마찬가지다.

예를 들면 우리나라 고1 정도 학생이 근대 철학서 가운데 심오하기 그지없는 칸트의『순수이성비판』을 풀이했다고 생각해 보라. 또한 대학 1년생이 까다롭기 그지없는 헤겔의『정신현상학』을 풀이하는 일이 가능한가?

모차르트는 6살 때 최초로 작곡을 했고, 8살 때 교향곡을 쓰고, 12살 때 오페라를 썼다는 전설이 있다. 그런 작업은 음악가인 아버지의 도움을 받았다 하더라도, 15살부터 본격적인 진지한 작품을 작곡했다는 사실만으로도 모차르트가 불가사의한 음악 천재임을 부인할 수는 없다.

피카소의 아버지는 화가였다. 13살 피카소가 그림을 그리는 재능을 보고 아버지는 그림붓을 꺾었다고 한다.

철학자이자 수학자였던 12살 파스칼은 혼자 힘으로 '유클리드 기하학의 32가지 정리'를 생각했다.

예술이나 수학 같은 영역에서 어린 재능이 탁월한 능력을 발휘했다는 것은 인간사에서 어느 정도 있는 사실이고 이해할 수는 있다.

우리나라 김웅용(1962~)은 만 5살 때 일본 후지 TV에 출현해 대학교수가 출제한 미적분 문제를 척척 풀어 세상을 놀라게 했다.

그러나 10대 후반에서 20대 초반에 인생 산전수전을 다 겪어야 이해할 수 있는 심오한 철학을 통찰하고 통달했다는 왕필 재능은 일반적인 상식으로는 도저히 풀 수 없는 인류사의 수수께끼다.

왕필은 조조, 유비, 손권이 혈투를 벌이던 삼국시대 조조의 위나라 사람이다. 풍부한 재능을 타고난 데에다 유복한 학문적 환경에서 자랐기 때문에 일찍 학계에서 두각을 나타냈다. 10살 때 이미 노자를 좋아했다고 한다.

애송이 왕필은 참신한 철학적 방법과 입장을 가지고 노련한 현학자들과 교분을 맺으며, 철학 문제의식을 가꾸고 현학 체계로 키워 나갔다.

40여 살 연상이며 조조의 양자로서 권세가이자 그 당시 대사상가인 하안은 왕필을 만났다. 하안도 노자 『도덕경』을 풀이하였기에 일가견을 가졌다고 자부했으나, 왕필의 풀이에 감탄하여 평생 자기가 이룬 경지가 애송이로 생각한 왕필 수준보다 한 단계 밑임을 인정하지 않을 수 없었다.

"이와 같은 인물이라면 가히 더불어 하늘과 사람의 사이를 논할 수 있겠다"라는 탄식을 발하고 하안은 자기 풀이를 거두었다.

하안이 석학으로서, 또 왕필보다 훨씬 나이가 많고 높은 지위에 있었음에도 애송이 청년에게 학문적으로 복종한 사실은 참으로 정직한 학자의 태도였다.

하안은 왕필의 천재성을 누구보다도 알아주고 학문 성취를 칭찬해 주었으며 또 조정에 천거하여 중용하려고 애썼던 후견인이었다.

바로 그러한 정직한 학자 태도야말로 하안을 석학답게 했고 역사에 이름을 올린 인물로 남게 했다.

비록 한 예이지만 중국의 위대한 학문을 탄생시킨 인물의 정신세계가 이토록 정직했다는 사실에 비추어, 지성이 천박하고 지혜가 없는 요즘 우리 학계 풍토를 반성해야 한다.

"우리 죄인들을 깨우치기 위해 죽었습니다. 정말 부끄럽습니다"

함석헌 선생이 노동자의 고통을 통찰한 어린 전태일에게 '선생'이란 존칭을 붙인 자세는 하안이 왕필에게 감복하여 정신을 엎드린 자세와 조금도 다를 바 없었다. 이런 자세가 정직한 지성이고 지혜다.

바둑에서 바둑돌을 놓는 순서와 논리를 정석(定石)이라 한다. 복잡하고 다양한 정석 논리를 익혀야만 바둑을 제대로 둘 수 있다. 정석을 달달 외는 것이 바둑 지식이다. 정석을 따라 하면서도 정석을 초월해 바둑판 전체를 볼 능력이 있는 사람이 바둑 고수다. 정석에 얽매여 판 전체를 볼 능력이 없는 사람은 하수다. 고수 능력을 존중하고 배우려는 자세와 실천이 하수에게 필요한 지혜다. 고수의 학력이나 나이가 많다거나 적다거나 따위를 따지지 말고서 말이다.

지혜는 지식 덩어리가 아니다. 어려운 국가시험 문제를 달달 외어 좋은 성적을 낸다고 지혜가 생기지 않는다. 지혜는 암기한 지식을 뛰어넘어 우리 몸으로 궁극적 실상을 있는 그대로 보고 느낀다. 가장 어려운

시험을 통과한 판·검사가 단순 지식인(법률 기술자)이지 결코 지혜로운 사람이 아니라는 데에 우리 사회 큰 비극이 있다.

왕필은 노자의 『도덕경』이라는 텍스트를 넘어서서 살아 있는 노자의 정신세계로 곧바로 뛰어들었다고 한다. 하안은 왕필의 그런 타고난 학문 능력을 인정했다.

전태일은 사회 구조 이론 따위를 뛰어넘어 어린 여성 노동자의 고통에서 사회 모순의 핵심을 찾아내 그 고통을 해소하는 방법을 세상에 알리려고 몸을 바쳤다. 함석헌 선생은 그런 전태일이 보인 예리한 통찰력과 희생적인 정신이 합친 지혜에 감복하지 않았을까.

나이를 불문하고 실력자를 실력자로서 대접하는 비권위주의 자세 없이는 지식인은 지혜를 올바르게 얻을 수 없다.

지식 축적도 매우 중요하다. 하지만 우리가 삶을 살아가는 과정에서 더 필요한 요소가 지혜다. 누군가에게 지혜를 얻으려면 나이, 학벌, 성별 따위의 비본질적 권위를 내세우는 자세를 버려야 하지 않겠는가.

우리 사회는 지식을 쌓은 자가 지성을 독점해야 한다는 생각이 의식의 밑바닥에 깔려 있다. 지식의 축적이 지성을 이루고 지성 속에서 지혜가 생겨난다는 단계적인 생각은 어쩌면 자연스러울지도 모른다. 그러나 지식 축적만으로는 지성에 도달할 수 없다.

지식으로 만든 사상은 사회 행동을 설명하거나 해석할 수 있고 새로운 역사를 형성할 수 있는 큰 의미를 지닌다. 그 때문에 지식이 만든 사상이 매우 중요하다는 것은 부인할 수는 없지만 말이다.

남한 사회에서 사회운동(노동운동 포함)이 질적으로 변화한 출발점은 1970년에 노동자 자각을 불러일으킨 전태일 분신 사건이었다. 1979년에 유신체제가 막을 내리게 한 큰 힘은 한 노동자의 각성과 저항이었다.

1980년에는 유신체제보다 더 극악한 5공체제가 들어섰다. 젊은 지식인들은 물리적 저항만으로는 체제 변화에 한계가 있다고 보고 남한 체제의 근본 모순이 무엇인지 묻고, 모순을 해소할 새로운 사회체제 이론을 찾았다.

남한 사회의 모순은 분단에서 비롯한 것이므로 민족해방을 부르짖는 강력한 그룹이 나타났다. 그 대표적인 인물이 우리가 흔히 말하는 주사파 김영환이다. 결과적으로 김영환은 선지자적인 고독한 투쟁이 아니라 현란한 오만에 빠진 추악한 억지 투쟁을 했다.

다른 한편에는 핍박받는 노동자 해방을 주장한 그룹이 있었다. 그중 대표적인 인물이 전태일 후계자로 자처한 김문수다. 김문수는 노동자 폭력 투쟁을 계획하다가 좌절했다. 한때는 전태일 기념사업회 사무국장을 지내며 전태일 정신 구현에 가장 앞장섰다. 결과적으로는 노동운동 경력을 이용하여 속된 권력을 탐닉하는 정치인으로 참으로 안타깝게 변절했다.

최고 학부를 다니며 풍부한 지식을 쌓은 인물들이 어째서 그 지식으로 더 생기 있는 삶을 살려 하지 않았고, 세상 이치에 더 밝아지지 않았을까.

전태일 사후 50년, 위대한 6·10항쟁 33년이 지나도 루쉰의 말처럼 '아침에는 훌륭한 결심을 하고 저녁에는 어리석은 짓을 하는' 자들이 우리 사회에는 왜 아직 이리 많이 득실댈까.

지식인들이 강력한 외국 이론과 지식에만 의존했기 때문에 자기 눈으로 판단력을 세우지 못하고 오그라져 버린 것이 아닐까. 어쨌든 지식인이 지성인으로 진화한 사람은 우리 사회에서는 매우 드물었다.

지식은 빛이 없는 마음에 빛을 주는 것이 아니고, 볼 줄 모르는 장님에게 볼 힘을 주는 것이 아니다.

지식인은 지혜로운 사람이 결코 아니다. 지식이 낳은 이론은 지혜가 아니었다.

지식으로만 무장하면 잘난 체하고 거만해지기 쉽다.

착한(선善) 지식이 없는 사람에게는 어떤 지식이든 모두 유해하다.

나는 웅장하고 차가운 사상보다 소박하고 겸손하고 진실한 마음이 더 위대하다고 믿는다. 전태일이 이렇게 절규했기에!

"인간은 인간으로서 인간답게 살아야 한다. 나는 그동안 얼마나 망설이고 괴로워했던가? 지금 이 시간, 완전에 가까운 결단을 내렸다. 나는 돌아가야 한다. 꼭 돌아가야 한다. 불쌍한 내 형제의 곁으로…. 나를 버리고, 나를 죽이고 가마. 너희들의 곁을 떠나지 않기 위하여 나약한 나를 다 바치마."

함석헌 선생이 아들을 잃은 이소선 어머니를 처음 만나 건넨 말씀은 "우리 죄인들을 깨우치기 위해 죽었습니다. 정말 부끄럽습니다"라는 자책이었다고 한다.

전태일의 절규에 감응하고 자신은 그러지 못함을 정직하게 탄식하며 자신을 꾸짖고, 전태일의 삶과 죽음을 존중한 함석헌 선생이야말로 우리가 '선생님'으로 존경해야 할 우리 시대 진정한 지성인이었다고 나는 생각한다.

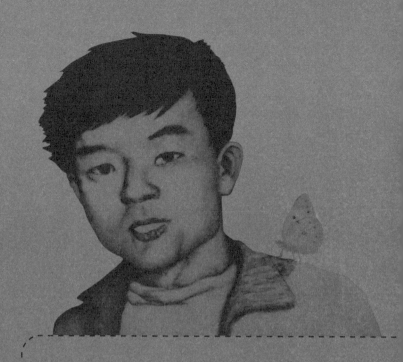

IX. 젊은 베르테르

전태일이 평화시장 봉제업체 한미사 재단보조공이 된 지 서너 달가량이 지난 1967년 2월 초, 설날을 열흘가량 앞두고 대목일이 끝났다.

그때 전태일은 한미사에서 재단 보조로 일했던 한 재단사와 사귀었다. 이름은 홍선이었고 나이는 2살 위여서 형이라 불렀다. 전태일은 홍선이가 살던 그 당시 서울대 법대 뒤 낙산 기슭 판잣집 좁은 셋방에서 같이 지냈다. 미싱사들과 시다들은 설이라고 기뻐하면서 고향인 시골로 내려가는데 태일은 집이 서울인데도 가지 못했다. 돈이 없었기 때문이었다.

"전에 미싱사로 있었을 때에는 7, 8천 원을 가지고 들어갈 수 있었는데 지금은 한 달에 4천 원밖에 못 받는데 그나마도 식비로 쓰고 용돈도 궁한 형편이다. 방세에 많이 드는 것은 아니지만 연탄 값과 수도세, 전기세를 홍선이 형과 반반 나누어서 내고 나면 구경 한 번 안 가도 식비가 모자랐다. 이런 환경이지만 그래도 공장에 다니면서 돈을 번다는 것을 동네 사람들이 다 아는데 어떻게 동생들 옷가지 하나 안 사 가지고 들어갈 수는 없었다."

JW. 꿰에테. (1749년—1833년).

(요한 울프강 꿰에테).

젊은 베르네르의 슬픔.

4살 연상인 오금희를 짝사랑할 때 전태일은 자신을 괴테(꿰에테로 표기)의 베르테르에 비유했다.

"누님이
되어 주세요"

주인 부부가 지방으로 수금을 가며 태일이 집에 안 간다는 사실을 알고, 주인 처제와 함께 일주일간 전태일에게 가게를 보라고 했다.

처제 이금희는 1944년생으로 전태일보다 네 살 연상이었다. 전에 가게에서 몇 번 봤지만 막상 처녀를 소개 받자 전태일은 얼굴이 붉어지며 수줍어했다.

조영래의 『전태일 평전』에는 전태일과 오금희의 관계를 이렇게 간략하게 소개했다.

이 일로 하여 전태일은 한동안은 무척 가슴 설레는 기쁨을 맛보기도 하였고 그 뒤로는 상당히 고민도 하게 되었다.

그런데, "고민에 고민을 거듭한 어느 날, 나는 깊은 죄의식을 깨달았다. 지금 이 시간 집에서는 이 불효한 자식을 위해서 정성을 드리고 계실 어머니가 생각났기 때문이다. 그렇다. 내가 지금 이런 사치에 한눈을 팔 때가 아니다."

이것으로 전태일의 짧은 사랑은 고백 한 번 못한 채 끝나 버렸다. 열아홉 소년이라면 한창 이성문제에 관심을 가지고 밤낮을 보낼 것이다. 그러나 태일에게는 그것도 '사치'였던 것일까….

바로 이즈음인 1967년 2월 14일 자 전태일의 일기에는 이런 구절이 있다.

"오늘도 보람 없이 하루를 보내는구나. 하루를 보내면서 아쉬움이 없다니, 내 정신이 이렇게 타락할 줄은 나 자신도 이때까지 생각해 본 적이 없다. …

이 공장에서 완전한 재단사가 되기 위해서는, 내 스스로 절제할 수 없는 감정의 포로가 되기 전에, 한창 피어오르는 사랑을 꺾어 버린 것이다. 내 마음에 내린 뿌리가 아무리 강하다 하더라도, 줄기 없는 뿌리가 얼마나 더 존재하겠는가. … 부디 동심을 버리고 현실에 충실하라."

냉혹한 현실이 지워 준 짐은 무겁고, 힘과 시간은 모자라는 그에게는 남들이 다 해 보는 연예라는 것도 잔인하게 꺾어 버려야 할 환상이었을까?

다음은 전태일 수기와 일기에서 오금희와 관련한 부분을 추렸다. 19세 노동자가 쓴 글로 믿기지 않게 간결하고 심리 묘사가 뛰어나다.

(……) 나는 일찍 가게 문을 열고 손님을 기다렸다. 어떤 남자 손님이 와서 물건을 흥정하고 있을 때 주인아주머니 동생인 처녀가 밥을 가지고 왔다.

"재단사, 식사하세요. 식기 전에 빨리요."

예쁜 장미꽃 무늬가 박힌 3층 찬합에 팥밥을 담고 여러 가지 찬이

정성스럽게 담겨 있었다.

나이가 이제 겨우 십팔구 세밖에 안 들어 보였고 얼굴 어느 곳을 봐도 이제 갓 고등학교 교복을 벗고 대학 초년생 같은 밝은 청초함을 발산하고 있었다. 2, 3개월 전 가게에서 두 번 볼 때는 아무런 감정을 못 느꼈는데, 지금 이 처녀가 손수 들고 나온 밥을 먹으면서는 이상하리만큼 나 자신이 대견스럽고 사랑스러웠다. 식사를 다 마치자 "물 드세요." 하면서 집에서 가지고 온 물통에서 뜨끈한 숭늉을 부어 주는 그 손, 마치 상아로 조각을 한 것 같은 맑은 베이지색의 조그만 손을 눈앞에서 움직일 때 너무나 탐스러워서 힘껏 만지고 싶은 충동을 억제했다.

바로 맞은편 가게는 아직도 문을 열지 않고 우리 가게가 아마 제일 먼저 문을 연 관계로 꽤 많은 매상고를 올렸다. 정오가 다 될 때까지 나란히 앉아 있었지만 나는 한마디도 먼저 말을 못하는 그런 성격을 가지고 있었다. 처녀가 먼저 물어보면 사뭇 정확하게 사무적인 대답을 할 뿐, 내 스스로 화제를 만들 줄도 몰랐으며 대답을 할 때도 시선은 한 번도 똑바로 쳐다보지 못했다. 지금 생각해도 너무 이상하리만큼 수줍어했었다. 내가 너무 수줍어하고 어려워하자 처녀는 어려운 분위기를 없애려고 나에게 여러 가지 질문을 해 왔다.

"재단사 고향은 어디예요?"

충청도 사투리가 연하게 섞인 서울말로 상냥하게 물으면

"경상북도 대구입니다."

무뚝뚝하게 아무런 감정을 내포하지 않으려고 사무적인 태도로 대답한다.

(……)

"재단사요, 문을 닫고 들어가요."

"조금 더 있다가 들어가겠습니다. 먼저 가십시오."

"다른 가게도 다 들어가는데 있으면 얼마나 더 팔겠어요?"

나는 아저씨께서 가시면서 시키시는 대로 맨 마지막에 문을 닫기로 한 것이다.

"그럼 먼저 가겠어요. 빨리 들어오세요, 네?"

"네, 먼저 가십시오. 빨리 가도록 하겠습니다."

저녁 10시가 되자 장부를 정리하고 문단속을 잘하고 주인집을 향해 동대문 옆으로 걸었다. 몇 시간 전에 내린 싸락눈은 밝은 전깃불에 반사되어 곱게 반짝이고 오가는 행인들의 발바닥에 눌려 고운 결정체가 부서져 버리기도 한다. 동대문 지하도를 건너서 돌산을 향해 걸으면서 곰곰이 생각해 봤다. 정말 주인아주머니 말씀대로 스물 셋일까? 처녀의 어느 곳을 보아도 믿어지지 않는 나이다. 나보다 더 어려 보이는데….

주인집은 창신동 채석장 못미처 넓은 운동장 같은 평지 한가운데 위치한 전형적인 일본식 양옥이었다. 빨간 기와로 지붕 경사가 아주 급한 호화로운 집이었다. 현관문을 노크하자,

"네, 조금만 기다리세요."

하면서 급히 무엇을 정리하는 소리가 들리면서 이내 처녀가 문을 열어 주었다. 현관문을 들어서자 왼쪽 부엌에 세수 비누와 타올이 있고, 따뜻한 세수물이 준비되어 있었다.

"재단사요, 세수하시겠어요. 잠바는 벗어 주세요."

나는 대꾸도 않고 시키는 대로 했다. 얼굴을 다 씻고 양말을 벗고 발을 씻고 방으로 들어갔다. 방엔 처녀의 마음을 한눈으로 짐작이 가게 차려진 밥상이 나를 기다리고 있었다. 나에게는 분에 넘치는 식사였다. 양은 많지 않았지만 여러 가지 찬은 시장하던 나의 구미를 더욱 돋구었다. 내가 너무 탐스럽게 먹어 보이자 처녀는,

"재단사는 어쩜 그렇게 맛있게 잡수세요. 보고 있는 사람이 먹고 싶을 정도예요."

"참 저녁식사를 하셨는지 모르겠습니다."

"네 먹었어요. 너무 맛있게 잡수시니까 괜히 해 본 소리예요."

식사가 끝나고 나자

"재단사요, 저쪽 방으로 가요. 음악 좋아하지 않으세요?"

"네, 좋아합니다만…."

나는 약간 당돌하면서도 거북하지 않게 나를 리드해 가는 그녀가 더없이 좋았다. 마루를 건너 처녀의 방을 들어서자 포근하고 율동적인 체리핑크가 감미롭게 흐르고 있었다. 방 안의 분위기가 퍽 마음을 안정시켰다. 언제부터인가 나는 이런 안정된 분위기를 좋아하는 습관이 있었다. 언제나 들어오려나 하고 기다려도 처녀는 들어오는 기색이 없었다. 부엌에서 무엇을 씻는 소리만이 간혹 들릴 뿐이다…. 들어오면 먼저 감사하다는 인사말을 어떻게 한다? 이름을 어떻게 불러야 될까? 이런 생각을 하고 있을 때 쟁반에 과일을 담아 가지고 처녀가 들어왔다.

"준비해 둔 것이 없어서 과자를 조금 사 왔어요."

이렇게 상냥하게 말하면서 쟁반을 놓고 살며시 문을 닫고 큰방으로

건너가는 것이다. 나는 반벙어리 이상으로 말수가 적었다. 어떤 말부터 해야 될지 몰랐기 때문이다. 그저 시키면 시키는 대로 행할 줄만 아는 아주 소극적인 태도를 취할 수밖에 몰랐다. 처녀가 시키는 대로 큰방에서 오랜만에 나에게는 호화로운 침실에 누웠지만 좀처럼 잠이 오지 않고 처녀가 빨아다 널어 논 나의 밤색 양말을 보면서 여러 가지 생각을 했다. 왜? 이런 극진한 대접을 받아야 하나. 집에서는 지금쯤 나를 애타게 기다릴 텐데 … 저 처녀는 내가 무엇인데 이토록 정성스럽게 보살펴 줄까?

이런저런 생각을 하면서 잠이 들었다. 주인 내외분이 수금을 가신 지 4, 5일이 지나고 그사이 나는 가게에 남아 있던 잠바와 코트를 거진 다 팔았다.

어느새 나는 처녀를 이모라고 부르고 있었다. 나는 이모를 무척 따랐다.

어제 아침 일찍 문을 열고 있을 때 주인아저씨께서 가게로 직접 오셨다. 아마 내가 매일 몇 시쯤 문을 여는지 직접 보려고 그러셨나 보다. 아침 6시 조금 지나서였다.

"보조는 매일 이렇게 일찍 문을 열었어?"

"네, 다른 가게보다 제일 먼저 여는 것이 좋기 때문입니다."

아저씨께서 집으로 들어가시고 얼마가 지나자 이모가 아침밥을 가지고 왔다. 나는 지금이야말로 내가 하고 싶은 말을 할 때라고 생각하고 아무도 없을 때 하려고 벼르던 말을 했다. 지금 말하지 않으면 또다시 둘이 만날 기회가 희박하기 때문이다. 나는 용기를 다 내어

"이모, 실은 부탁이 하나 있는데요. 들어주시겠어요?"

두근거리는 가슴을 애써 억제하면서 조심스럽게 이모의 얼굴을 쳐다보았다. 이모는 그 진주알처럼 희고 잘 정리된 치아를 살며시 드러내면서 양 볼에 보조개를 피운다.

"무슨 부탁인데요. 재단사가 나한테 부탁할 일이 다 있어요?"

"네, 여러 날을 생각해서 결론을 부탁드리는 것입니다. 한낱 철없는 어린아이의 장난으로만 생각하지 마시고 들어주세요. 사실 이모도 아시겠지만 저는 외로운 사람입니다. 그런데 이모를 알고부터는 이 세상에 누구보다도 명랑하고 즐거운 생활을 하고 있었어요. 며칠 사이였지만 정말 저에게는 더없는 기쁨의 나날들이었습니다. 그런데 주인아저씨께서 오늘 오셨기 때문에 지금 말씀드리는 것입니다. 저는 형님이나 누님이 없습니다. 누님이 되어 주세요."

나는 약간 부끄러움과 두근거리는 가슴을 억제하면서 빠르게 가슴 속에 있던 말을 해 버렸다. 가만히 머리를 숙이고 듣고 있던 이모는,

"재단사, 말은 잘 들었어요. 그렇지만 나는 아직 마음의 결정을 하기 앞서 재단사에 게 할 말이 있어요. 사실은 저도 재단사를 처음 볼 때 첫 인상이 좋았어요. 언니한테 재단사가 퍽 성실하고 일도 믿음직스럽게 잘하며 보통 청년들보다 다르다는 것을 알았어요. 그리고요, 며칠간 같이 있으면서 직접 재단사를 대하는 사이 언니의 말이 맞다는 것을 알았어요. 그런데 제가 한 가지 생각하지 못한 것은 이렇게 빨리 재단사가 말할 줄 몰랐어요. 저도 그 문제를 전혀 생각 안 한 것은 아니지만 이런 문제는 이렇게 빨리 결정할 문제가 아니라고 생각해요. 그러니까 재단사도 좀 더 생각해 보세요. 저보단 더 모든 면으로 좋은 사람이 있을 거예요. 저도 재단사가 기대하는 그만한 사

람이 되는지 생각해 보겠어요. 며칠 있다가 다시 한 번 만나요. 그때까지 생각해서 서로 확답을 교환해요."

이모는 이렇게 말하고 가만히 나를 쳐다본다. 나는 일순간 패배감 비슷한 감정이 얼굴을 화끈거리게 하고 얼굴을 들 수 없었다. 아주 거절당한 것이 아닌데 얼마나 무안한지 쥐구멍이 있으면 기어들어 가고 싶다.

(……)

오늘은 아침부터 우울하기만 하던 하늘이 기어이 울음을 터트리고야 말았다. 나의 답답한 마음을 알기나 한 듯이 … 며칠 생각해 보고 서로가 변치 않을 의남매를 맺고자 말하던 이모가 일주일이 다 되어 가는데도 한 번도 가게나 공장에 나타나질 않는다. 정말 너무 야속하다. 모처럼 느껴 본 나 아닌 다른 사람의 정이었는데 벌써 끝이 났단 말인가. 그렇지 않으면 이모가 바쁜 일이 있어서, 좀처럼 시간이 없는 걸까?

이런저런 공상을 하면서 가게에 우두커니 앉아 있을 때에 이모가 오는 것이다. 나는 너무 반가워서 하마터면 '이모' 하고 소리를 지를 뻔했다. 받치고 온 우산을 접어 놓으면서 하얗게 웃는다.

"이모, 왜 요사이 한 번도 오질 않았어요?"

나는 이렇게 반가움을 나타낸다는 게 도로 성난 사람이 하는 말투로 이모에게 말했다. 그러자,

"어머, 재단사 화나나 봐요. 나는 나대로 바빠서 못 왔는데 재단사도 화날 때가 있어요? 호호."

이렇게 말하자 나도 슬며시 웃고 말았다.

이모에게 나의 누님이 되어 주겠다는 대답을 들을 땐 하늘 끝까지 올라가는 기분이었다. 보잘것없는 나를 동생으로서 대하여 주신다는 누님의 정에 보답하는 것은 이 집 일을 지금보다 더욱 열심히 해서 누님의 언니네 집이 부자가 되는 것이 내가 할 수 있는 최선의 길이라고 그 자리에서 굳게 마음에 다짐을 했다.

(……)

오늘도 이모와 주인집에서 전축을 듣고 둘이서 화투 놀이를 하고 재미있게 하루를 보냈다. 그러나 나는 불안한 그 무엇이 나의 마음속에서 서서히 성장하고 있다는 것을 알았다. 누님으로 만족할 줄 알았던 나의 감정이 누님을 떠나서 왜 내가 나이를 작게 먹었던가? 누님은 나보다 왜 나이를 많이 먹어야 되냐를 생각하고 언젠가는 나의 곁을 떠날 것이라고 생각하면, 그렇게 같이 재미있게 듣던 전축의 재즈곡이 아무런 음향을 나타내지 않는다. 언제까지고 같이 이 상태로 같이 살 수는 없을까? 누님이 나의 아내가 되는 길은 없을까? 그 하얀 손이 나 아닌 다른 사람의 손에 잡히면 나는 어떻게 하란 말인가. 아, 미칠 것만 같다. 이렇게 생각하면 할수록 누님은 더욱 나의 마음속에 확고부동한 뿌리를 내리는 것이다. 그렇지만 끝내 이루어질 수 없는 나 혼자만의 나쁜 욕심일 것이라면 더욱더 깊이 뿌리를 내리기 전에 제거하여야 현명한 방법이 아닐까? 누구하나 나의 이 번뇌를 바로잡아 줄 사람이 나의 주위에는 없기 때문에 나는 여러 날을 혼자 고민했다.

고민에 고민을 거듭한 어느 날, 나는 깊은 죄의식을 깨달았다. 지금 이 시간 집에선 어머니께서 이 불효의 자식을 위해서 마음으로 정성을 드리고 계실 어머니가 생각났기 때문이다.

그렇다. 지금 내가 이런 사치에 한눈을 팔 시기가 아니다. 나는 우리 집의 장남이 아니냐. 집안의 모든 일을 책임지고 이끌어 나가야 할 내가 이 무슨 엉뚱한 일에 고민을 하다니. 남자가 한 번 누님이라고 정했으면 누님이지 무슨 다른 생각을 품다니. 그렇다. 이렇게 아름다운 누님께 그런 생각을 품는다는 것은 누님을 모독하는 것이 아닌가. 내일부터 누님을 만나지 마라. 어느 책에선가 심리학자가 인간은 만나지 않으면 자연히 멀어지는 것이라고, 그 말을 믿어 보기로 하자.

이렇게 결심한 나는 이 선생님께 편지를 썼다.

전태일은 자신이 사랑할 수 없는 오금희를 대구 청옥고등공민학교 다닐 때 존경했던 이희규 선생님께 소개하는 편지를 썼다.

다음은 1967년 2월 14일의 일기장이다.

오늘도 보람 없이 하루를 보내는구나. 하루를 넘기면서 아쉬움이 없다니. 내 정신이 이토록 타락할 줄은 나 자신도 이때까지 생각해 본 적이 없다. 젊음을, 순수한 사랑을, 출세를 위해서 스승님에게 밀다니. 그렇지만 존경하시는 선생님이었기에 (……)

좀 더 현실적으로 냉정해야 할까? 이때까지 많은 여자들 곁에서 일을 했지만 누나만큼 나를 따르고 한시도 빼놓지 않고 생각하게 한 사람은 그녀 혼자뿐이다. 사귀어 온 지는 얼마 되지 않았지만 분명히 그녀는 한 여성으로서 모든 것을 다 갖춘 사람이다. 선생님께 편지를 한 것이 잘한 것인지 못된 것인지는 나 자신도 모르겠다. 다만

한 가지 목표를 향하여 행했을 뿐이다. 솔직히 지극히 사랑하는 사람을 나의 앞날의 출세를 위해서 이 공장에서 완전한 재단사가 되기 위해서 내 스스로 절제할 수 없는 감정의 포로가 되기 이전에, 한참 피어나던 사랑을 찍어 버린 것이다. 마음에 내린 뿌리가 아무리 강하다고 하더라도 줄기 없이 뿌리가 얼마나 더 존재하겠는가. 곧 퇴화하고 말겠지. 부디 동심을 버리고 현실에 충실하라.

(……)

이런 일기를 쓰면서도 미련이 남았다고 할까? 혼자 서울대 법대 뒤 낙산동에서 시집을 놓고 외롭고 고독으로 가득 찬 마음을 마음껏 외롭게 만들어서 어떤 한구석에 외로움을 즐기는 취미가 하루하루 늘어만 갔다. 공장 일을 하지 않지만 하루도 빠지지 않고 출근을 했다. 일이야 할 것 없어도 매일매일 출근하는 것이 의무라고 생각했다. 또 다른 이유는 점심 한 끼를 얻어먹기 위해서, 하루하루가 무척 지루하고 바람 없는 해변처럼 단조로움보다는 나으리라. 벌써 3월 달이지만 일은 시작하지 않는구나.

전태일은 오금희를 만나고 짝사랑하다가 1967년 2월 14일부터 일기를 쓰기 시작하여 1967년 3월까지 썼다. 어린 시절 회상 수기는 1967년 2월 무렵까지 생활을 훗날 정리한 것이다.

이 일기는 이루어질 수 없었기에 포기한 사랑의 아픔을 애틋하게 기록했다.

다음은 일기들을 요약해 보았다.

67. 2月 15日

오금희. 안녕. 이 선생님에게 편지를 씀으로써 그대는 영원한 천사와 같이 사랑해선 안 될 사람. 부디 행복하소서. 진심으로 두 손 모아 주 앞에 기원합니다. 이 선생님. 사모하는 오금희. 두 사람을 위해서는 나의 미약하나마 힘닿는 데까지 행복을 비리라. 이로써 잠시나마 나의 심에 자리를 잡았던 연인을 잊어야 할 때가 왔는가 보다. 부디 행복하소서.

(……)

인생은 나그네길, 어디서 왔다가 어디로 가느냐, 목숨을 걸고 사랑을 해도 못 맺을 사랑이기에 사랑의 운명 속에 외로운 나, (……)

67. 2月 16日

잠시나마 나에게도 행복은 있었다. 그렇지만 이젠 행복의 종소리가 끝이구나. 종을 울리는 것 같은 짧은 순간을 못 잊어 애태우다니. 어저께 아니 오늘 아침까지만 해도 희망과 용기를 주던 그 사람, 영원한 추억으로 끝나리.

(……)

어두운 밤이 가면 아침이 오고 장미는 시들어도 다시 피련만 사랑은 불사조인가 물망초던가. 내 가슴 벌레 먹는 그 님이건만 남몰래 이 노래를 님께 바치리.

67. 2月 18日

오늘은 그런대로 재미있는 하루였다.

이모와 같이 화투를 치고 같이 웃고 즐겼으니깐. 그리고 전에 신청한 '연합 중고등 강의록' 안내서가 아침에 배달되었으니까.

나에게 지금 이 성격이 나쁜지 좋은 성격인진 몰라도 한 푼 없는 내가 어떻게 강의록을 받을 생각을 하니 전기곤로와 대목에 산 맘보바지와 입고 다니는 잠바를 팔아서 620원을 만들 결심을 하고 오늘은 기분이 좋아서 일기를 쓴다.

'나에게는 배움을 빼고 나면 아무것도 없다.'

그렇지만 그 기분도 한때, 벌써 고독감이 전신을 역습해 오는구나.

67. 2月 19日

(……) 혼자 냉방에서 잠들기란 정말 외롭고 고독한 것이다.

67. 2月 26日

(……)

저녁에는 누나네 집에서 누나와 화투치기를 재미있게 했다. 정말 시간 가는 줄 모르고 웃으면서 재미있게 놀았다.

며칠 후 조용히 만서서 누라라고 부르고 태도를 확실히 하고 누나로 대해야겠다.

67. 3月 23日

어제 저녁 12시부터 오늘 아침 1시 반까지 누나를 생각하는 마음을 그리느라고 잠을 못 자서 오늘은 일하면서 졸았다. 그렇지만 누나가 저녁에 공장에 와서, 하 조금도 피곤한지를 모르겠다. 지금 이 시각

에도 이야기하고픈 금희 누나

(⋯⋯)

누나, 지금 이 시각에 무얼 생각하세요.

(⋯⋯)

나는 잠 못 이루네. 잠 못 이루네.

(⋯⋯)

사랑의 아픔을 앓은
청춘

전태일은 일기에 유행가 가사와 많은 시들을 적어 놓았다. 사춘기에 흔히 접하는 김소월 시가 많았다. 「못 잊어」, 「밤」, 「초혼」, 「산유화」, 「옛 이야기」, 「진달래꽃」 같은 시들이다. 사춘기 사랑의 아픔을 짐작케 하는 시다.

수기에는 외국 서정시인 3명이 등장한다.

영국 여류시인 크리스티나 로세티(Christina Georgina Rossetti, 1830~1894)의 「내가 죽으면 사랑하는 이여」,

노벨 문학상을 탄 아일랜드 시인 W. B. 예이츠(William Butler Yeats, 1865~1939)의 「패니에게」,

스코틀랜드 서민의 소박한 감정을 표현한 로버트 번스(Robert Burns, 1759~1796)의 「내 사랑은 빨간, 빨간 장미꽃」이 있다.

수기에는 청춘 시절 젊은이들이 한번은 빠져 봤을 소설이 등장한다. 그 수기는 아래와 같다.

희한한 상쾌감이 마음에 꽉 차 있네. 그렇지. 말하자면 달콤한 봄날의 아침나절 같이. 나는 온 마음을 함빡 쏟아져. 이 상쾌감을 은미(음미의 오타?)하며 즐기고 있네. 나는 이렇게 홀로이 살면서, 마치, 나 같은 사람을 위해서 만들어진 것 같은 이 지방에서 즐거운 생활을 보내고 있는 것일세. 나는 행복하여 고요한 현재의 생활의 정서 속에서 푹 잠기어 버리고 말았네. 그 때문에 제작은 조금도 없어. 지금 같아서는 그림은 통 한 장도 못 그릴 것 같네. 그러나 이러고 있는 지금의 경지보다도 더 한층 위대한 화가가 피어 본 일은 지금까지 단 한 번도 나에게는 없어.

그리운 벗이여 사람의 마음은 참 이상한 것일세. 그렇게까지 좋아하면서 헤어질 줄 모르던 자네와 헤어져 버린 것이 지금에 와서는 오히려 즐거운 마음이 들거든. 자네는 섭섭하게 생각하겠지. 그렇지만 나를 용서하여 주리라 믿네.

×　　　　×　　　　×

하루는 이 지방 젊은 사람들이 무도회를 개최한 일이 있는데, 거기에 나도 참석하게 되었네. 처녀들과 같이 마차를 타고 가는 도중에 〔S 샤르 롯데〕라는 처녀를 같이 데리고 가기로 되었네.

JW 꿰에테(1749년~1833년)

요한 볼프강 꿰에테

젊은 베르테르의 슬픔

이 수기에는 괴테를 '꿰에테'로, 샤를로테를 '샤르 롯데'로 표기했다. 괴테『젊은 베르테르의 슬픔』은 감수성이 지나치게 풍부했던 청년이 이룰 수 없는 사랑의 포로가 되어 슬픔을 못 이겨 자살한다는 이야기다.

주인공 베르테르는 약혼한 여자 로테에게 첫눈에 반한다. 하지만 로테가 곧 결혼하자 베르테르의 사랑의 희망은 사라져 버린다. 게다가 돈은 있지만 시민 계급 출신이어서 귀족 사회에서 모욕을 당해 울분에 휩싸였다.

베르테르는 생각이 많았던 햄릿처럼 자신을 향해 한탄한다.

"아아, 좀 더 단순한 성품으로 태어났더라면 나는 태양 아래서 가장 행복한 인간이 될 수 있을 텐데!"

전태일 역시 그 나이 젊은이처럼 사랑의 열병을 심하게 앓는다. 4살이나 많고 자신보다는 훨씬 잘사는 집안의 연상 여인에 비해 찢어지게 가난한 자기의 가정환경으로 인한 자괴감을 가졌을 법했기 때문에 고민한 게 아닐까.

이 고민 때문에 괴테의 『젊은 베르테르의 슬픔』을 읽으며 자신을 베르테르로, 오금희를 샤를로테로 투영했다.

"고민에 고민을 거듭한 어느 날, 나는 깊은 죄의식을 깨달았다. 지금 이 시간 집에서는 이 불효한 자식을 위해서 정성을 드리고 계실 어머니가 생각났기 때문이다. 그렇다. 내가 지금 이런 사치에 한눈을 팔 때가 아니다."

이룰 수 없는 사랑 타령을 우울하게 하다가 문득 정신을 차린다. 반드시 수행해야 할 더 큰 의무가 이미 전태일 가슴 깊이 자리를 잡고 있었기 때문이다.

칸트가 했던 말처럼 비극적인 상황에서 전태일의 사랑은 애달프고도 온화하며 또한 경이로웠다.

"아아, 좀 더 단순한 성품으로 태어났더라면 나는 태양 아래서 가장 행복한 인간이 될 수 있을 텐데!"

베르테르가 자기에게 한탄한 이 말을 우리는 전태일에게도 적용할 수 있지 않을까. 남다른 재주와 집념이 강했던 전태일이 현실에서 단순하게 이기적인 행동을 했다면 개인적인 욕망을 충분히 충족했으리라.

전태일은 자신이 부양해야 할 가족도 마음에 걸렸겠지만, 그보다 어린 여성 노동자를 짐승처럼 부리며 인간의 고귀한 인격을 모욕하는 노동착취를 떠올렸다. 베르테르처럼 개인적인 사랑 타령 같은 욕망을 심각하게 생각하는 것은 어리석은 짓이라고 전태일은 판단하지 않았을까.

숭고한 연민을 실천하려면, 개인적인 욕망이란 족쇄를 잘라 내고 자유로워야 했다.

참으로 가치 있는
사랑 속으로

위대한 업적을 남긴 인물의 삶에는 한 가지 공통점이 있다. 고집스러울 정도의 강한 집중력으로 목적한 가치를 이룰 때까지 단 한 치의 곁눈도 팔지 않는다.

'자기훈련'을 통해 충동을 제어하고 자신을 극복해 내는 사람에게 대적할 만한 것은 아무것도 없는 법이다.

"저는 죽는 게 두렵지 않습니다. 죽음을 겁내는 사람은 참되게 죽을 수 없어요. 우리는 죽음을 가치 있게 만들어야 합니다."

수많은 사랑의 염문을 뿌리며 비극적인 사랑을 경험한, 샹송의 여왕으로 불리는 프랑스의 국민가수 에디트 피아프(Édith Piaf, 1915~1963)가 모두가 두려워하는 죽음을 앞두고 한 말이다.

전태일의 죽음은 사랑 타령을 한 베르테르의 죽음과 달랐다. 차라리 에디트 피아프를 닮았다. 고통받는 어린 여성 노동자들을 향한 연민 때문에 선택한 죽음은 참으로 가치 있는 사랑이었다. 지극하고 숭고한 휴머니즘이라 불러야 마땅하다.

정말이지 우리는 전태일의 삶과 죽음을 보지 않고는 가진 자들의 욕망이 철철 넘치는 자본주의 사회에서 무엇이 인간의 소중한 가치인가를 알 수 없다. 전태일의 죽음이 있고 나서 남한의 양심적인 사회의식은 새롭게 태어났다고 말해도 틀리지 않으리라.

우리가 전태일처럼 자기 삶에서 이기심을 완전히 버린 행동을 그대로 따라 하기는 몹시 어렵다. 아니 불가능한 게 아닐까. 최소한, 전태일이 보인 모범을 통해서 우리는 따뜻한 감성으로 약자를 먼저 배려하는 노력은 해야 하지 않겠는가.

통계를 보면 우리나라 산업재해사망률은 OECD 국가 가운데 21년째 1위이다. 베트남전쟁 참전 8년 동안 한국군 전사자는 약 5천 명이다. 최근 2017~2019년 3년 동안 일하다 죽은 노동자는 약 6천 명이다. 노동 현장 현실이 전쟁 상황보다 참혹하다.

우리 사회가 전태일이 그토록 원한 노동과 인간을 존중하는 가치를 아직도 제대로 배려하지 않고 있다는 명백한 증거다.

고통스럽지만 물어보자. 그리고 정직하게 답을 해 보자!

지금, 우리 사회는 과연 '사람이 먼저'인가?

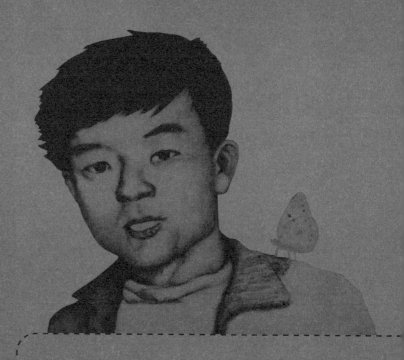

X. 윤리적 인간, 호모 에티쿠스

전태일은 다재다능한 젊은이였다. 평화시장 봉제공장에서 가장 밑바닥인 미싱 보조로 취직해 가장 높은 직책인 재단사로 가파르게 직급이 상승했다. 아버지에게 일찍부터 어깨너머 배운 기술과 재단사로서는 아주 드물게 미싱사를 거쳤기 때문에 실력이 뛰어났다. 우연히 백화점에 들렀다가 세련된 옷을 관찰한 후 평화시장에 돌아와 즉석에서 그 옷을 감쪽같이 복제해 주위를 놀라게 했다고 한다.

평화시장 업주를 통해서 어린 여성 노동자의 열악한 노동환경이 개선될 기미가 없자, 스스로 모범 업체를 설립할 계획을 세웠다. 웬만한 경영인이 만든 것 못지않게 사업 계획서가 치밀했다. 단지 자기 처지에서는 막대했던 창업 자금이 없어 실행하지 못했을 뿐이다.

위: 2020년 2월 초, 언론에 거의 나타나지 않았던
전태일의 막내 동생 전태리(옛 이름 전순덕) 선생을 전태일 재단에서 만나
큰오빠 전태일에 대한 기억을 인터뷰했다.

아래: 2019년 11월 13일, '전태일의 친구들'은 전태일 49주기 기념식을 열고,
김상봉 교수를 초청했다. 내가 아는 한 김상봉 교수는 전태일 삶의 의미를
가장 철학적으로 해석한 분이다.

전태일의 글,
열정이 넘치고 재능이 빛났다

전태일은 많은 글을 남겼는데 그 글에는 열정이 넘치고 재능이 빛났다. 어린 시절 회상 수기와 일기는 고통 속에서 성숙한 자신의 정신적 깊이를 잘 나타냈다. 게다가 시적인 감각으로 자기 영혼을 잘 드러냈고, 미완성 소설도 몇 편 구상할 정도로 글쓰기 재주가 탁월했다.

머리가 총명한데, 이에 더하여 무엇보다도 가장 전태일다운 것은 마음이 따뜻했다는 점이다.

성격이 조금만 더 이기적이어서 어린 여성 노동자의 비참한 현실에 눈을 감았다면, 당시 급팽창하는 남한 자본주의 사회에서 어느 누구 못지 않게 돈 벌며 계층상승을 이루어 가족을 돌보며 편히 살 수 있었다.

하지만 '바보' 전태일은 이 세상의 바보 가운데서도 가장 까다롭게 이 사회를 바라보았다. 그 풍부한 재능을 가장 바보같이 발휘하여 남한에 막 불어닥친 천박한 자본주의 거친 회오리에 정면으로 맞섰다.

"정말 지혜로운 사람이 되려면 바보가 되어야 합니다."

사도 바울로의 말씀이다. 이 말씀은 지혜가 있다고 뽐내거나 재빠른

체하지 말고, 전지전능한 하나님 뜻에 전적으로 따르는 사람이야말로 참으로 지혜로운 사람이란 뜻으로 해석할 수 있다.

다음은 전태일의 '어린 시절 회상 수기'에 나오는 글이다.

한 인간이 인간으로서 인간적인 모든 것을 박탈당하고, 박탈당하고 있는 이 무시무시한 세대에서

나는 절대로 어떠한 불의와도 타협하지 않을 것이며 동시에 어떠한 불의도 묵과하지 않고 주목하고 시정하려고 노력할 것이다.

인간을 필요로 하는 모든 인간들이여

그대들은 무엇부터 생각하는가?

인간의 가치를, 희망과 윤리를, 아니면

그대 금전대의 부피를.

시류에 영합하지 않은, 현실과 적당히 타협하지 않은, 올곧은 바람을 포기 않고 끝까지 밀고 나간 이 까다로운 바보가 우리가 우러러봐야 할 진정한 지혜를 지닌 사람이 아닌가?

전태일이야말로 사도 바울로가 말씀하신 바로 그런 단호하게 지혜로운 사람이었다. 나는 그렇게 생각한다!

전태일 회상 수기에 있는 글이다.

14~16살의 어린 소녀들이 마룻바닥에 꿇어앉아서 오전 8시에서 밤 11시까지 하루 평균 15시간을 일해야 했다. 노동자들은 한 달에 이틀, 첫째 셋째 일요일에만 쉴 수 있었다. 할 일이 많을 때는 철야작업

까지 해야만 했다. … 그리고 깨어 있기 위해서는 각성제(암페타민)를 먹어야만 했다.

전태일이 처음 취직했을 때 청계천 평화시장 봉제공장은 거대한 닭장 같은 고도 착취 사업장이었다. 어린 여성 노동자들이 좁은 작업장에서 질식할 듯 구겨져 있거나 말거나 못 본 체하고 전태일 자신 가족만을 생각했다면….

"저는 우리 오빠가
세상에서 최고로 좋았어요"

전태일 막내 여동생 전순덕(현재 이름은 전태리. 1960~)은 오빠를 이렇게 회상했다. (2020년 2월 1일 내가 직접 한 인터뷰)

"남산에 살 때 불이 나(1966년) 쌍문동으로 이주를 온 거죠. 제 어릴 때 정서가 다 거기더라고요. 천막 교회가 생기고 모두 천막을 치고 살았어요. 천막 교회에서 전도사님들이 저희 어린아이를 모아 놓고 공부도 가르쳐 주고 그랬어요. 그 추억이 저한테는 그래도 남아 있어요.

그때 그 화재민촌에는 다 없는 사람들이잖아요. 없는 동네는 싸움을 많이 하더라고요. 눈만 뜨면 동네 어디에선가 막 싸우는 거예요. 부부끼리도 싸우고, 부모 자식 간에도 싸우고, 이웃끼리도 싸우고, 싸움이 잦을 날이 없더라고요. 왜들 이렇게 싸우나 그러는데, 그때 보면 청년들이 나름대로 삶이 고달프니까 부모들에게 저항도 하고 서로 갈등이 쌓여 있었겠지요.

분쟁이 가정에서부터 이웃으로까지 많이 일어나는데, 제가 볼 때 큰오빠는, 세상에 저런 오빠는 없어, 내가 느끼는 우리 오빠는 정말 좋은 오빠야, 우리 오빠는 효자야, 저는 어릴 때 느낌으로 그게 오는 거예요.

이웃집을 보면 못사는 동네니까 그게 공개가 되고, 밖에 나와서도 싸우고 막 싸우는데 큰오빠 같은 경우에는 한 번도 다른 사람이 보이는 모습을 안 보이더라고요.

아 우리 오빠는 참 착한 오빠구나, 그러면서 항상 공손하게 아버지한테도, 엄마한테도 말대꾸 한번 안 하는 거예요.

(……)

아버지가 돌아가시고(1969년) 이제 오빠가 제 보호자가 된 거예요. 엄마는 아침에 일어나면 곧바로 일터로 가시고 나서 오빠가 출근을 해요.

저한테 오빠는 너무 큰 존재였어요. 모든 걸 전부 오빠한테 얘기하면 오빠가 제 요구를 다 들어줬어요. 대단한 건 아니지만 내가 조그마한 거 하나라도 얘기하면, 예를 들면 오빠가 아침에 출근을 해요. 저는 그때 오빠가 평화시장 일을 하러 가는 건지 뭔지 모르는데 나가면 제가 막 쫓아 나가요. 나가서 오빠 돈 1원만 그래요. 그럼 오빠가 1원을 꼭 줬어요. 저한테는 그게 그 하루 중에 가장 행복한 시간이었어요. 저는 오빠가 출근하기만을 기다리고 있는 거예요.

(……)

저는 우리 오빠가 세상에서 최고로 좋았어요."

전태일은 깊고 넓은 마음에 따뜻함을 가득 담은 인간이었다. 어린 여성 노동자들을 어린 친동생 순덕이에게 하듯 그지없이 자상하게 대해 준 오빠 마음을 보였다.

전태일의 연민과 무차별적인 이타심은 이기심만 존재하는 정글 자본주의와 전혀 어울릴 수 없는 바보 행위 그 자체였다.

남한 자본주의 환경에서 신음하는 어린 여성 노동자의 처지는 이 자상한 오빠에게 돌이킬 수 없는 가혹한 시련과 고난을 안겼다. 전태일은 자신에게 안긴 힘들고 괴로운 일에 고개를 돌리지 않고 정면으로 바라보았다.

본회퍼,
"죽음은 끝이 아니라,
영원한 삶의 시작이다"

인류 문학사에서 최고 작가로 추앙받는 셰익스피어의 너무나도 유명한 대사는 『햄릿』 3막에 나오는 햄릿 독백이다.

"사느냐, 죽느냐 이것이 문제로다."

이 대사 바로 이어 나오는 독백은 이렇다.

"난폭한 운명의 돌팔매와 화살을 맞고도 가슴에 꾹 참는 것이 고매한 정신이냐? 아니면 노도처럼 밀려오는 고난과 맞서 싸워 이를 물리치는 것이 옳은가? 죽는다는 것은 잠드는 일…"

『햄릿』은 삶과 죽음, 정의와 불의, 진실과 허구와 같은 인류가 맞닥뜨리는 보편적인 문제의식을 표현한 불멸의 문학작품이다. 감수성이 예민하고 지성이 뛰어난 작품 주인공 '햄릿'은 가족 분쟁에 정신적 고뇌가 깊어지고 복수심에 불탔다. 셰익스피어가 창조한, 인류 문학사에서 우유부단한 인물의 대명사로 꼽히는 햄릿은 자신이 짊어지게 된 가족의 운명의 무게를 견디지 못하고 죽음을 맞이했다.

본회퍼(Dietrich Bonhoeffer, 1906~1945)는 20세기 신학을 대표하는 독일의 천재 신학자였다. 불과 21살에 베를린 신학대학에서 박사학위를 받았다. 교수들은 새파란 청년을 '천재적 신학 청년'이라고 절찬했고, 이 청년이 쓴 논문을 '신학적 기적'이라고 평가했다.

이런 신학자가 히틀러 암살에 가담했다가 체포돼 사형을 받았다. 목사가 살인 모의에 가담했다는 행위는 현재 우리 기독교 정신으로는 도저히 받아들일 수 없지만, 본회퍼는 자기 행위에 대해 이렇게 답했다.

> "만일 어떤 미친 사람이 자동차를 몰고 사람이 걸어 다니는 보도 위로 달리기 시작했다면, 나는 목사로서 그 자동차로 죽은 사람의 장례나 치러 주고, 그 친족들을 위로하는 것으로 내 임무를 다했다고 생각할 수 없다.
> 나는 그 자동차에 올라타 그 미친 사람에게서 핸들을 빼앗아야 할 것이다."

본회퍼는 광기에 휩싸인 나치 시대의 포악한 모습을 보았다. 신학자인 동시에 올곧은 지성인으로서 당연히 반나치 운동에 뛰어들자 나치에게 요주의 인물로 찍혔다. 나치 공포정치가 절정이던 1939년 6월에 미국 신학교 초청으로 안전한 미국에 갔다. 본회퍼는 '내가 미국에 온 것은 결국 실수였다'고 깨닫고 고통받는 독일 민중을 생각하며 7월에 곧바로 귀국했다. 편히 갈 수 있는 길을 일부러 회피했다.

나치의 엄중한 감시에도 불구하고 히틀러 암살 모의에 가담했다가 1943년 체포되어 나치가 망하기 며칠 전인 1945년 4월 9일 포로수용소에서 사형을 당했다. 본회퍼의 단두대 처형을 지켜본 피서 홀슈츠룽 박사는 "본회퍼가 죄수복을 벗기 전에 열정적으로 무릎을 꿇고 기도하며 단두대에 오르는 모습은 매우 대담했고 침착해 보였다"라고 당시를 회고하면서, "내 오십 평생에 하나님의 뜻에 전적으로 의지하는 본회퍼 같은 사람을 한 번도 본 적이 없다"라고 말했다.

본회퍼는 생각에 잠긴 우울한 햄릿처럼 우유부단한 고민을 하지 않았다. 광폭한 히틀러와 나치에 맞서 조금도 주저하지 않고 노도처럼 밀려오는 폭력을 가슴 정면으로 맞받았다.

본회퍼는 약혼자에게 보낸 유언에서 "죽음은 끝이 아니라, 영원한 삶의 시작이다"라는 말을 남겼다. 죽음은 잠드는 일이 아니라는 확신을 가지고서 말이다.

오늘날, 본회퍼의 삶과 죽음은 반나치 저항의 대표적인 상징이 되었다.

전태일,
"아아, 몸은 넘지 못했지만,
그 위대한 혼이 넘었다!"

전태일이 즐겨 읽었던 『젊은 베르테르의 슬픔』에 나오는 구절이다.

"그것도 참지 않으면 안 돼요. 산을 넘지 않으면 안 되는 여행자와 같은 거지. 물론 산이 거기에 없다면 길은 훨씬 수월하고 가깝기도 하지. 그러나 산은 현실적으로 있기 때문에 넘지 않을 수 없는 거지요."

전태일의 평화시장에 놓여 있었던 착취의 산과 길은 실크로드를 가로막고 있는 만년설이 덮인 톈산(天山)산맥보다 험했고 메마른 타클라마칸 사막보다 거칠었다. 아라비아 상인들은 아나톨리아 반도에서 중국 장안까지 험한 산을 넘고 거친 사막을 건너기 위해 수백 명이 수백 마리 낙타를 동원했다고 한다.

변변한 여행 장비가 없었던 전태일은 현실에 존재하는 산을 어쨌든 넘어야 했다.

아아, 몸은 넘지 못했지만, 그 위대한 혼이 넘었다!

어머니에게 자기 몸이 넘을 수 없었던 산을 대신 넘어 달라고 유언했다. 이소선 어머니는 노동자 무리를 이끌고 전태일의 혼이 인도하는 대로 험한 산을 넘고 거친 사막마저 거침없이 지났다.

평화를 위해 저항한 신학자 본회퍼는 2차 대전 이후 각종 신학 흐름에 출발점이 되는 통찰력을 지녔다는 평가를 받았다. '비종교적 해석', '성숙한 세계' 같은 개념은 현대 신학에 지대한 영향을 주었다고 한다.

무엇보다 사상 못지않게 위대한 '행동'이 많은 지성인에게 반향을 일으켰다. 본회퍼의 영향을 받은 독일 몰트만은 '희망의 신학', 라틴 아메리카에서는 '해방 신학', 우리나라에서는 서남동과 안병무의 '민중 신학'을 낳았다.

본회퍼는 체포된 1943년 4월부터 1945년 4월 9일 처형까지 약 2년 동안 각처의 강제수용소를 전전하면서 가족과 친구 베게트에 편지를 썼다. 베게트는 옥중 편지들을 편집하여 1951년『반항과 복종』이라는 제목의 책으로 출간하였다. 우리나라에서는 1967년『옥중서간』으로 번역되었다.

국가 권력과 신앙인의 양심이 충돌했을 때, 과감히 목숨을 걸고 돌파한 자유 투사의 의지를 절절히 담았다. 암울한 유신과 전두환 독재 시절에 내 용기를 북돋워 주는 빛과 소금 구실을 한 글들이 주옥같이 빛났다.

참으로 선하게 살기 위해
우리는…

나는 전태일이 어린 여성 노동자에게 보낸 연민을 위한 삶과 죽음을, 위대한 천재 신학자 본회퍼가 극악한 나치 폭력에 저항한 삶과 죽음과 비교해도 그 의미의 깊이와 폭과 무게가 다를 바 없다고 생각한다. 한마디로 두 분은 숭고한 역사적 인물의 모범이다.

그래서 나는 오래전부터 전태일의 숭고함에 관한 글을 썼고 앞으로도 쓰겠다.

예수를 빛나게 한 데는 예수의 삶만이 아니라 세례자 요한과 성모 마리아가 있었다고 존경하는 신학자 김근수 선생이 말씀하셨다.

그렇다. 우리 사회는 전태일에게만 빛이 있는 게 아니다. 세례자 요한 같은 영혼의 친구 조영래가 있었고, 성모 마리아 같은 이소선 어머니가 계셨다.

전태일, 조영래, 이소선, 이 세 분은 서로 다른 분이 아니셨다. 세 분이 한 몸이셨다. 내 남은 생애에서 이 세 분의 일체감을 탐구하는 것으로 삶을 이어 가겠다고 다짐한다.

나에게 전태일 정신을 찾도록 영감을 불어넣어 주신 전남대 철학과 김상봉 교수께 깊은 감사와 존경하는 마음을 언제나 간직하고 있다.

김상봉 교수가 쓴 책『호모 에티쿠스: 윤리적 인간의 탄생』표지에 실린 글을 여기에 꼭 소개하고 싶다.

"참으로 선하게 살기 위해 우리는

추수에 대한 희망 없이 선의 씨앗을 뿌리는 법을,

희망 없이 인간을 사랑하는 법을,

그리고 보상에 대한 기대 없이

세계에 대한 우리의 의무를 다하는 법을 배우지 않으면 안 됩니다.

그리고 마지막으로

우리는 그런 비극적 세계관 속에서도

언제나 기뻐하는 법을 배우지 않으면 안 됩니다."

베스트 테일러, 전태일

사윤수(시인)

오지 말아야 할 길이 삶의 길이고

가야 할 길이 죽음의 길이다.

-장석주

강이 가장 아름답게 보일 때는 그 강을 다 건너와서 뒤돌아볼 때이다. 들을 수 없고 보이지 않고 가고 없는데, 그 목소리는 여기에 남아 메아리친다. 그의 삶은 "그늘에서 그늘로 옮겨" 다녔으므로 어둡고 추웠다. 그러나 그 그늘의 꽃은 서늘하게 아름다웠다. 그는 애타게 학업을 원했으나 학교에 얼마 다니지 못했다. 오로지 홀로 많이 공부했고, 불면으로 깨우쳤다.

베스트 테일러, 전태일

사윤수(시인)

오지 말아야 할 길이 삶의 길이고
가야할 길이 죽음의 길이다. - 장석주

시인 사윤수

나를 아는 모든 나여,
나를 모르는 모든 나여.

이 문장은 전태일이 쓴 두 번째 유서의 한 구절이다. "모든 나"는 곧
그의 친구들이며 노동을 함께한 노동자들이며 가족이며 세상 사람들이
다. 전태일 선생이 떠난 지 50년이 지났지만 아직 그를 모르는 사람들이
있다. 전태일은 유서를 세 번 썼다. 자신이 가야 할 길을 이미 결심하고
쓴 것이기에 내용은 비슷하지만, 그 세 편의 유서는 마지막으로 건너가
기 위해 스스로 놓은 비장한 돌다리처럼 느껴진다.

내 생에 다 못 굴린 덩이를, 덩이를
목적지까지 굴리려 하네.

그가 시시포스를 알았든 몰랐든 그건 중요하지 않다. 그가 곧 시시포
스였기 때문이다. 현실의 조롱과 냉소, 노동 구조의 권력이 지배하는 부
조리와 불평등을 해결하기 위해 자신을 바치려는 그의 안타까움과 아
쉬움이 뼈저리도록 절절하다. 세상을 떠나고 싶어 떠나는 사람이 누가
있는가. 떠나야만 하기에 떠나고 떠나지 않을 수 없기에 떠나는 것이다.
끝없이 굴려 올려도 덩이가 목적지에 올려지지 않자 전태일은 자신이
덩이가 되고자 했다. 스스로 불타고 불덩이가 되어 비참하고 고단한 청
계천 섬유 노동자들을 환하게 비추는 도구가 되고자 했다.

전태일의 유서는 담담한 절규이며 한 편의 시고, 한 존재의 영혼의 집
이다. 1970년대, 가난하고 학업이 짧고, 섬유 노동자고 스물두 살이던

남자, 전태일의 글이라고 밝히지 않는다면 그의 유서는 명망 있는 어느 외국 작가의 시를 유려하게 번역한 작품 같은 느낌마저 준다.

그의 첫 번째 유서에는 다음의 문장이 나온다.

완전한 형태의 안정을 구하네.

아주 완전하게 안정된, 그 순간은 향기를 발하는 백합의 오후였다 고 이야기를 나누게.

헐벗고, 다반사로 굶기까지 하던 그가 놀랍게도 "향기를 발하는 백합 의 오후"라고 썼다. 백합의 오후는 인간 세상의 이상향, 천국을 추구한 다는 뜻일까? 아니면 모든 것이 끝난 뒤 남은 평온한 죽음의 재를 의미 하는 걸까? 어쨌든 그 오후는 백합처럼 순백한 시선만이 발견할 수 있 고 진정으로 아름다운 자만이 이를 수 있는 시간이다.

서른 살 전에 요절했고 명작을 쓴 시인으로 이상과 기형도, 랭보와 게 오르그 트라클을 꼽기도 하는데 전태일의 유서는 기형도와 트라클 쪽 을 닮았다. 그들의 영혼은 앞서거니 뒤서거니 시대를 아우르며 상통하 고 있는 것으로 보인다.

다만 물심양면 내내 고달프고 힘겨웠음에도 불구하고 전태일이 쓴 글 이나 전태일 평전을 읽다 보면 그의 근원이 맑고 밝다는 것을 감지할 수 있다. 그의 정신은 어둡지 않고 빈곤하지 않으며 생에 대한 의욕으로 넘 쳤다. 이것이 우울하고 무기력했던 그 시인들과 전태일의 다른 지점이 다. 전태일은 염세주의자거나 비관적이지 않았다. 매사에 열정적이며 치 열하게 살았다. 그 속에서 일어난 에피소드를 살펴보면 '안네의 일기'처럼 그에게도 설레는 사랑과 희망이 있었고, 따스한 해프닝들도 있었다.

김상봉 교수(전남대학교)는 전태일이 실천한 공동체에 대한 연민과 무한한 사랑, 희생과 순교의 삶을 예수의 행적에 비유했다. 그 비유에도 충분히 공감하면서, 예수보다 전태일이 더 가진 장점이 있다면 그것은 탄압에 굴하지 않고 저항했던 능동성은 물론이고 바로 그 맑음과 충만한 의욕일 것이다. 전태일의 사진들을 보시라. 낭만적이고 자신 있고 당당할 뿐, 그의 모습 어디에도 불우함이 엿보이지 않는다.

올해는 전태일 50주기이다. 앞으로도 그를 아는 사람 그를 모르는 모든 사람들에게 전태일을 더 크게 알리기 위해서는 빼어난 그의 문학성과 더불어 남다른 전태일 식의 그 맑음과 희망도 동력으로 삼아야 할 것이다. 그는 먼 곳에서 자신의 "마음의 고향"인 이곳을 다정히 바라보며 오늘도 부지런히 산정을 향해 자신을 굴려 올리고 있으리니, 그의 영전에는 국화보다 백합을 바치는 것이 더 어울릴 것 같다.

***

이 글은 전태일의 고향 대구, 그 대구의 시인 사윤수에게 전태일의 시적
감수성(미학)에 관한 글 한 편을 부탁해 얻은 것이다.
사윤수 시인의 글(운문과 산문)은 시인 조지훈이 시 「승무(僧舞)」에서 묘사한
동작처럼 부드럽고 깔끔하다. 글이 쓸고 간 자리는 우아하다.

참고 문헌

나는 책을 읽을 때 중요하다고 생각한 부분은 컴퓨터 파일에 내 나름대로 다듬어 저장했다. 정확한 출처를 적지 않은 채 주제를 분류하기도 하고, 심지어 휴게실 화장실 같은 곳에 있는 참신한 글을 사진에 담아 집에 와서 사진 글을 타자해서 한글 파일에 저장한다. 25년여 동안 그렇게 모은 분량이 A4 용지로 500장쯤 될까.

글을 쓸 주제가 떠오르면 관련 한글 파일을 찾아 대충 읽어 보고 실마리를 찾는다. 그러다 보니 이렇게 책을 쓸 때 인용한 글의 정확한 출처를 밝히지 못하는 경우가 있다. 학문적 훈련을 엄격하게 하지 않아 글의 인용 출처를 정확히 밝히지 못한 점에 너그러운 양해를 바란다.

이 책 전반에 걸쳐 전태일을 인용한 부분은 네 권 책에서 꺼냈다. 단 여동생 전태리가 언급한 이야기와 뒤표지에 실은 전태삼의 이야기는 직접 만나서 들은 것이다.

1. 『전태일 평전』(개정판, 조영래 지음, 돌배개, 1991)

2. 『내 죽음을 헛되이 말라-일기·수기·편지 모음』(전태일 지음, 전태일기념사업회 엮음, 돌베개, 1995)

3. 『노동자의 어머니 이소선 평전』(민종덕 지음, 돌베개, 2016)

4. 『조영래 평전』(안경환 지음, 도서출판 강, 2006)

나는 전태일 정신의 핵심을 '어린 여성 노동자에 대한 연민'으로 본다.

이 정신은 현대인의 심성으로는 이해하기 힘든 '신화'였으며, 젊은 노동자가 사회 약자의 아픔을 통찰한 안목은 '기적'이라 해도 지나친 말이 아니다.

연민을 사회에 호소하기 위해 택한 '분신'은 '종교'의 '숭고함'과 다름없었다.

전태일이 남긴 일기, 수기, 유서를 비롯한 여러 글은 자본주의 사회의 모순을 바로잡을 '윤리'의 모범이었다.

'신화와 기적', '종교', '숭고함', '윤리'의 실마리를 찾기 위해 다음 책을 참고했다.

1. 『축의 시대』(카렌 암스트롱 지음, 정영목 옮김, 교양인, 2010)

2. 『신화의 역사』(카렌 암스트롱 지음, 이다희 옮김, 이윤기 감수, 문학동네, 2005)

3. 『이마누엘 칸트 아름다움과 숭고함의 감정에 관한 고찰』(이재준 옮김, 책세상, 2012)

4. 『칸트 평전』(만프레트 가이어 지음, 김광명 옮김, 미다스북스, 2004)

5. 『자기의식과 존재사유』(김상봉 지음, 한길사, 2009)

6. 『그리스 비극에 대한 편지』(김상봉 지음, 한길사, 2013)

7. 『호모 에티쿠스 윤리적 인간 탄생』(김상봉 지음, 한길사 2010)

나는 2001년부터 베트남진료단의 일원으로 베트남을 28번 방문하면서 베트남 현대사를 깊이 들여다봤다. 베트남 현대사에서 돋보이는 한 사건은 꽝득 스님 분신이었다. 스님의 분신 사건은 베트남 현대사를 압축하고 있었다.

베트남 현대사 기술은 내 나름의 역사 인식이지만 스님이 분신하게 된 상황은 다음 책에서 인용했다.

『분신(焚身)』(미야우치 가쓰스케 지음, 김석희 옮김, 도서출판 토향, 2010)

꽝득 스님과 전태일의 분신 의미를 신념을 위해 죽음을 두려워하지 않은 진 나라 승려 승조의 살신성인 자세와 견주어 보기 위해 다음 책을 참고했다.

『동양학 어떻게 할 것인가』(김용옥 지음, 통나무, 1989)

전태일 분신이 우리 현대사에 던진 의미는 미국인 학자가 탁월하게 해석한 다음 책에서 찾았다.

『브루스 커밍스의 한국 현대사』(브루스 커밍스 지음, 김동노·이교선·이진준·한기욱 옮김, 창비, 2004)

서남동 교수는 우리 시대 위대한 신학자였다. 나는 최루탄이 난무한 1975년 봄 2달 정도 서남동 교수에게 기독교 개론을 배웠다. 5월 초 긴급조치가 발동 하고 서남동 교수는 해직되었다.
나는 서남동 교수의 마지막 제자였던 셈이다. 그 뒤 서남동 교수를 되돌아보 면서 20세기 신학의 천재 본회퍼를 알게 되었다.
나는 전태일의 죽음을 초월한 숭고한 정신을 시대 아픔을 외면하지 않기 위 해 죽음도 두려워하지 않은 본회퍼의 정신과 비교하고 싶어 다음 책을 인용 했다.

『獄中書簡 抵抗과 服從』(디히트리히 본회퍼 著, 高範瑞 譯, 大韓基督敎書會, 1975)

내가 베트남전쟁을 공부할 때, 반전 운동을 하면서 경탄할 만큼 학자의 양심 을 외친 분이 러셀과 촘스키란 걸 알았다. 나는 두 분 어록을 내 컴퓨터 파일 에 저장해 놓았다. 두 분 자료는 이 파일에서 꺼냈다.

함석헌 선생에 관한 부분은 다음 책에서 가져왔다.

1. 『씨올 함석헌 평전』(이치석 지음, 한영문화사, 2015)

전태일의 죽음을 예수의 죽음에 비유한 오재식 목사의 글은 인터넷에서 퍼
왔다.

참된 삶과 교육에 관한 생각 줍기